그곳은
마게도냐
였다

그곳은 마게도냐였다

발행일   2015년 12월 25일

지은이   황 화 진
펴낸이   손 형 국
펴낸곳   (주)북랩
편집인   선일영   편집   김향인, 서대종, 권유선, 김성신
디자인   이현수, 신혜림, 윤미리내, 임혜수   제작   박기성, 황동현, 구성우
마케팅   김회란, 박진관, 김아름
출판등록   2004. 12. 1(제2012-000051호)
주소   서울시 금천구 가산디지털 1로 168, 우림라이온스밸리 B동 B113, 114호
홈페이지   www.book.co.kr
전화번호   (02)2026-5777   팩스   (02)2026-5747

ISBN   979-11-5585-854-7 03230(종이책)   979-11-5585-855-4 05230(전자책)

성공한 사람들은 예외없이 기개가 남다르다고 합니다.
어려움에도 꺾이지 않았던 당신의 의기를 책에 담아보지 않으시렵니까?
책으로 펴내고 싶은 원고를 메일(book@book.co.kr)로 보내주세요.
성공출판의 파트너 북랩이 함께하겠습니다.

그곳은
마케도냐
였다

황화진 지음

근엄한 이미지를 벗고 낮은 곳으로 임하는
한 서민 목사의 유쾌한 신앙 에세이

북랩 book Lab

정미경 수원 권선구 국회의원(온사랑교회 권사)

누구든지 이리 봐도 깜깜 절벽이고, 저리 봐도 출구가 없는 모든 것을 포기하고 싶은 그런 순간들을 맞이하게 된다. 그저 모든 것을 내려놓고 오로지 하늘을 향하여 엎드려 기도할 수밖에 없는 그런 순간 말이다. 내게도 그런 순간들이 있었다. 그때마다 하나님 아버지께서 여러 가지 방법으로 내게 힘을 주시고 비밀스러운 일들을 보여 주셨다. 주께서 보여 주신 열왕기상 19장 18절. 영원히 잊을 수 없는 하늘 아버지의 선물이었다. 이렇게 쓰여 있다. 하나님이 엘리야를 위로하며 하신 말씀이다.

"그러나 내가 이스라엘 가운데에 칠천 명을 남기리니 다 바알에게 무릎을 꿇지 아니하고 다 바알에게 입 맞추지 아니한 자니라."

하나님은 하나님을 위하여 일하신다. 하나님은 엘리야를 위하여 일하시지 않는다. 하나님은 하나님을 위하여 엘리야를 도우셨다. 하나님은 하나님을 위하여 칠천 명을 남겨 놓으셨다. 하나님이 선택하신 사람들, 그 칠천 명은 일정한 기준을 갖추고 있어야 한다. 바알에게 무릎 꿇지도 아니하고, 입 맞추지도 아니한 사람이어야 한다.

바로 떠오르는 사람 황화진 목사님이시다. 황 목사님은 인간에 대하여 관심이 많으시고 분석자이시다. 그분이 어떻게 살아가시는지 옆에서 지켜보면 금방 알 수 있다. 하나님 앞에서 가장 겸손해지고 싶어 하는 분이시다. 하나님께 가장 충성하고 싶어 하는 분이시다. 그분 옆에 있으면 그 온화함이 전염되어 주변을 행복하게 만드는 사람 바로 인간 황화진, 황화진 목사님이시다.

이런 일이 있었다. 어느 날 내가 "목사님, 세상이 제게 다 끝났다고 실패자라고 말하는데요?"라고 목사님께 일러바쳤다. 목사님은 웃으시며 "그럼 하나님은 이미 시작하셨군요."라고 대답하셨다. 한참 웃었다. 바로 이런 분이시다.

이 책은 어쩌면 인간 황화진의 내면 세상 이야기이며, 하나님을 향한 사랑의 고백이기도 하다. 나는 이렇게 외치고 싶다.

"목사님, 목사님이 계셔서 행복합니다. 목사님의 온화함과 편안함을 오래오래 보고 싶어요. 목사님을 통해 하나님이 역사하심을 오래오래 보고 싶어요. 사랑하고 존경합니다."

꽤 오래전에 어느 방송사에서 나한테 '인간극장' 프로그램을 찍자고 연락이 왔다. 그렇지만 그때 나는 스스로 함량 미달이라 판단하여 사양했다. 그 얘기를 동창회 카페에 올렸더니 어느 동기생이 '인간이 인간극장 주인공 되는 건 당연한 건데 왜 거절해. 이 인간아!' 하고 농담조의 댓글을 올렸다.

모 시인이 운영하는 홈페이지에서 글로 교감을 나누던 재미교포 한 분을 만났다. 난 인터넷상에서 언제나 '인간'이란 닉네임을 쓴다. 그분이 나보고 하는 말, "목사님이 쓰시는 글과 '인간'이라는 닉네임이 주는 이미지는 상당히 예리하고 날카로운 강한 인상이었는데, 뵙고 보니 너무 온화하시네요. 목사님이 사회를 보는 시각이 너무 예리하고 강한 지적을 하셔서 그런 카리스마를 상상했는데 반대로 너무 온화한 카리스마이십니다."라고 말한다.

인간이라는 닉네임을 쓰는 또 한 가지 이유가 있다. 진짜 인간이 되고 싶어서다. 인간 같지 않은 인간이 되지 말고 인간 같은 인간이 되자는 소망에서다. 지금은 목사가 됐지만, 목사이기 이전에 인간이 되자는 취지다. 인간이 인간성을 잃지 말아야 하는데 자꾸 인간성을 잃고 동물성이 나타나는 것 같은 세상을 본다.

나는 내 개인 홈페이지 메인화면에 다음과 같은 인간 선언문을 피력했다.

"인간 황화진은 성실한 인간, 진실한 인간, 건강한 인간, 부지런한 인간, 인간다운 인간, 최선을 다하는 인간을 지향하며 늘 하나님의 사람으로 살기를 천명한다."

내가 '인간'이라는 닉네임을 꾸준히 쓰니까 선배 작가께서 "황 목사님, 거 닉네임 좀 바꾸세요. 목사님답지 않게 그게 뭐요?" 하신다. 그런데 난 '인간'을 고집한다. '인간'이라고 쓰니까 모르는 분들은 '이거 어떤 인간이냐?'라고 하기도 한다. 그래도 좋고 또 흥미로움도 주기 때문이다.

정말 인간답게 살고 싶다. 노력은 하는데 아직도 기대에는 턱없이 못 미친다. 어쨌든 나는 '인간'이란 닉네임을 쓰며, 아니 그것이 호가된 지금 영원토록 인간의 인생사가 정말 보람 있고 가치 있고 아름다운 인간사이기를 소망한다. 그리고 '인간'이란 닉네임을 쓰는 진짜 이유가 또 있는데 그건 죽기 전에 발표할 기회가 있을 거다.

책을 낸 지는 꽤 됐지만, 글 쓰기는 계속해서 원고가 쌓여 있다. 앞으로 하나둘 책으로 엮을 생각이다. 남들 눈에는 안 차겠지만, 나한테는 소중한 작품이어서 사장시켜서는 안 되겠다 싶어 우선 이 책을 세상으로 내보내는데, 졸필이라 부끄럽긴 하다.

　책 제목은 바울이 선교여행을 다닐 때 마게도냐 사람들이 우리한테도 와서 도와 달라고 손짓했던 것에서 착안하여 정했다. 내 삶 전체가 복음을 전하는 목회자이기에 글 전체가 복음적 의미가 있다.

　부족하고 엉성하고 함량 미달이지만 너그럽게 봐주시기를 앙망한다.

　　　　　　　　　2015년 끄트머리에 인간 황화진 씀

Part 1

Chapter 01

－

하관식에서 나는 혼자
노래를 불렀다

－

고등학교 동창생의 모친상 전갈을 받고 얼른 강화에 가서 조문을 하고 볼일을 볼 생각으로 집을 나섰다. 자동차 시동을 걸고 한 5분 정도 가고 있는데 휴대전화가 울린다.

"여보세요? 황 목사님? 나야, 반종원 목사…."

"아이고, 어쩐 일이시오?"

"다른 게 아니고…. 우리 교회 교인 집에 초상이 났는데 장례식장이 강화야. 근데 내가 내일 아침 일찍 수술 일정이 잡혀서 오늘 입관까지만 하고 내일은 못 가게 됐어. 황 목사님이 그쪽이 고향이니까 나 대신 하관식 집례 좀 해줘요."

"뭐이? 그렇지 않아도 나 지금 강화 장례식장에 조문 가는 길인데…."

"그럼 잘됐네. 가서 나 만나고 거기 모텔 잡아 드릴 테니까 주무시고 내일 하관식 좀 부탁하오. 하관식은 오전 9시부터 11시 사이에 한답디다."

"가만 있자. 그럼 나 집에 다시 가서 자고 낼 가겠소. 어차피 내일 새벽기도도 인도해야 하니 말이유."

차를 돌려 집으로 돌아왔다. 밤에 가만히 생각해 보니 '그럼, 발인은 어떻게 되는 건가?' 하는 생각이 들어 밤에 문자를 보냈다. '발인도 내가 하는 거요? 나 내일 오전 9시 전에 도착할 겁니다.'

'발인은 오전 8시 30분입니다. 근데 며느리만 교회를 다녀서 목사님이 혼자 다해야 해요. 찬송할 사람이 없어요.' 이렇게 답장이 왔다.

이 문자 받은 시각이 오후 10시 35분이었다. 순간 '아니, 이런 대략 난감한 장례식을 나한테 맡기다니…'라는 생각과 '그러니까 친구지.' 하는 두 가지 생각이 교차했다. 일찍 알았더라면 우리 교인이라도 몇 명 대동할 텐데 이미 늦은 시간이고 '에라, 모르겠다. 그냥 자자.' 하고 취침에 들어갔다.

하루 자고 오전 4시 30분 기상하여 우리 교회 새벽기도 인도하고 바로 준비해서 강화로 출발했다. 자동차를 노상에 주차했더니 유리에 성에가 잔뜩 달라붙었다. 그걸 벗겨내니 유리가 안개 낀 것처럼 흐려 시야가 몹시 어둡다. 조심히 달리다 보니 유리가 깨끗해진다. 가면서 오늘 장례식이 좀 부담스러워서 기도하면서 갔다. 거의 다 갔는데 전화가 온다.

"여보세요? 목사님이세요? 오늘 여기 하관식 집례하기로 하신 목사님 맞죠?

"네."

"아유, 목사님 연락이 안 돼서 우리 지금 똥줄이 탑니다. 시신을 로비에 모셔 놓고 목사님 기다리느라 목이 다 빠졌습니다. 얼른 오세요."

내가 발인식까지 해야 하는 건데, 반 목사는 당신 수술하는 거에 마음이 분주해서 그랬나? 내가 가야 할 시각을 정확히 알려주지 못했던 같았다. 그래도 난 고지한 시간보다도 빠른 오전 8시 30분 도착했는데 발인은 8시 넘으면 바로 할 모양이었다. 난 그것도 일찍 간다고 간 것인데 진짜 오전 9시까지 갔다가는 큰일 날 뻔했다. 황급히 약식으로 발인 예식을 해주고 운구토록 했다.

장례 버스에 올라 20여 분 정도 가니 고인의 고향 동네인 것 같았다. 차를 세우더니 동네 어귀에서 이를테면 노제를 하는 것이었다. 그때 동네 사람들이 강화 사투리를 쓰는 걸 보고 혼자 속으로 웃었다. 아침 기온이 차가운데 나는 밖에서 잠시 기다렸고 그것이 끝나니 고인의 선산으로 다시 이동했다. 산에는 눈이 쌓여 운구가 만만치 않았다.

장지에 도착하여 어느 정도 시신 안장이 되니 종교의식 시간이 됐다.

"자, 지금부터 고 ○○○ 성도 하관식을 거행하겠습니다. 고인의 마지막 가는 길에 여러분 모두 경건한 마음으로 참여해 주시기 바랍니다."

찬송가를 부르려고 하는데 집안 어른쯤 되어 보이는 분이 '여기 돼지띠 되는 분들하고 여자 상주들은 하관식에 내려오지 마세요.'라고 하신다. 그렇다면 예수 믿는다는 며느리 한 사람마저 못 오게 하면 결국 찬송은 나 혼자 하게 생겼다. 그래도 뭐 노래 경연대회 나온 것도 아니니 예정대로 찬송가 493장 '하늘 가는 밝은 길이'를 찬송했다.

내가 '하늘 가는 밝은 길이 내 앞에 있으니 슬픈 일을 많이 보고 늘 고생하여도♪' 이렇게 찬송가를 부르는데 단 한 사람도 따라 하는 사람이 없었다. 단지 '과연 저 목사가 저 노래를 제대로 하려나?' 하고 쳐다보는 느낌이었다.

나는 일단 얼굴에 철판을 깔아야겠다는 생각을 하고 내가 어디 가서 독창할 실력은 안되지만, 전혀 위축됨 없이 찬송가를 은혜로 혼자 특송 하듯 불렀다. 기분은 묘했지만, 그냥 나의 영적인 기운이 전달되기를 바라는 마음으로 노래 솜씨는 별로 없지만, 독창을 한 것이다. 노래를 하다가 슬쩍 보니 유족들이 고개를 푹 숙이고 손주는 약간의 흐느낌이 있었다. 숙연한 분위기였다. 소위 불신자들이 은혜를 받는 것이었다.

찬송을 끝내고 잠깐 말씀을 전했다. 10여 명의 유족은 관을 둘러섰고 50여 명의 동네 주민들은 먼발치에서 술 한잔씩 하고 담배를 피우면서 예배를 쳐다보고 있다. 요한복음 5장 24절 말씀을 본문으로 해서 영생과 심판에 관한 말씀을 모든 이들이 거부감 없이 받아들이도록 신경 써서 전했더니 마치 전도 설교를 한 느낌이었다. 아래와 같은 취지로 말씀을 이었다.

"사람이 태어나고 죽는 것은 하나님의 권한에 달려 있다. 예수 믿고 바르게 살다 죽으면 영생복락이지만, 믿지 않고 죄만 짓다 죽으면 음부에 떨어진다. 다행히 고인은 하나님을 섬기다 돌아가셨으니 아브라함의 품에 안기셨다. 육신은 흙으로 돌아가고 영혼은 하나님의 집으로 돌아가셨다. 앞으로 주님께서 재림하시는 그날에 고인은 죽음에서 일어날 것이다. 유족들은 말씀에 위로를 받고 고인의 유지를 따라 예수 잘 믿고 복 받기를 바란다."

축도하고 취토하므로 나한테 맡겨진 임무는 모두 끝났다. 그래도 기독교 신자가 아닌 유족들과 동네 주민들이 기독교식 장례에 예의를 지키며 협조해 줘서 무난하게 책임을 완수할 수 있어서 감사했다. 상조회 직원이 바로 "목사님, 수고하셨습니다. 어서 가시죠, 저희 리무진으로 모시겠습니다." 하고 나를 장례식장에 다시 태워다 주었다.

오는 동안 어떤 분은 내게 "목사님은 혼자 노래하시는데도 잘하시네요."라고 한다.

오늘 나는 장례지도사 국가 자격증을 받은 입장에서 유심히 장례 광경을 지켜봤다. 장례 절차가 참으로 끝까지 인간의 존엄을 지켜 주며 시종일관 정성스럽게 진행하는 걸 보고 참 좋게 생각했다. 추운 겨울이지만 그래도 따뜻한 날 양지바른 곳에 영면함이 좋아 보였다. 마치고 오면서 나는 무거운 숙제를 하나 끝낸 기분이었다.

다시 장례식장 안으로 들어가서 고교 동창생 모친상 문상을 하고 입관식에 오신 목사님 팀과 합류해 식사를 하고 담소를 나누고 돌아왔다. 돌아오는 길에 약간 졸음이 와서 뺨을 스스로 때리면서 안전하게 귀가했다. 내 평생에 예수 믿는 사람 한 명도 없이 불신자만 세워 놓고 예배 인도해 보기는 처음이었다.

-

Chapter 02

나는 산이 좋다

-

오늘 아침,

햇살이 유난히 눈이 부시다.

햇빛에 눈을 뜨지 못하는 나는 인상을 찡그리게 된다.

그래도 아침 햇살은 참 좋다.

아니면 시원한 소나기라도 퍼부었으면 하는 것도

이맘때쯤 느끼는 감정이다.

가까운 산에 올랐다.

산과 사람은 멀리서 봐야 멋있지 가까이 가서 보면

너무 속속들이 알아서 신비로움이 덜하다.

그러나 진짜 아름다움은 가까이서 봐도 멋있음이다.

평생을 함께해도 변함없는 신의와 성실함 그런 것은 참으로 고귀함

이다.

산도 그렇다.

가까이 가서 본들 싫을 게 하나도 없다.

쌓인 낙엽, 패인 골짜기, 죽은 나무 그러나

이런 것들이 오히려 아주 자연스러운 모습이 아닌가.

요즘 산에서 나는 냄새가 정말 좋다.

나무에서 뿜어 나오는 피톤치드, 밤나무 꽃향기,

이름 모를 꽃들의 향기가 천지를 진동한다.

많은 사람들이 산을 찾는다.

부부가 다정하게 손잡고 걷는 이도 있고

혼자 씩씩하게 걷는 아저씨도 있고

자전거를 타고 자신의 억셈을 과시하는 젊은이들도 있다.

동네 아줌마들 모여서 시끌벅적하며 오른 무리도 있고

이제 돌 지난 아가가 엄마 따라온 행복한 가정도 있다.

나는 산이 좋다.

산에서 만나는 사람들은 다 좋은 사람들일 것 같다.

약수터에서 물을 한 사발 퍼마신다.

내장이 다 시원해진다.

Chapter 03

자나 깨나 글 조심
써 논 글도 다시 보자

-

사람은 나이를 먹어도 배워야 하고 수없는 실수와 허물을 안고 산다. 그러나 사람은 실수를 통해서 인생의 지혜를 얻는다. 어제 실수한 것 오늘 반복하지 않고 오늘 실수한 것은 내일의 자원이 될 수도 있다.

사이버상에서 악플러로 활동하는 네티즌 중에는 꼬투리 없어서 욕을 못 하는 이들도 일부 있다. 그래서 인터넷상에서 글 한 줄 잘못 썼다가는 큰 봉변을 당할 수도 있고 또 해당자에게 깊은 상처를 줄 수도 있다.

가끔 여러 문학 단체에서 시를 써 보내달라는 요청을 받는다. 그런데 난 시를 쓰지도 못하지만, 잘 이해하지도 못하는 편이다. 다만 시인들의 모임인 시낭송회에 참여하고 그 맛과 멋에 감동을 먹은 적은 있다. 그래서 동료 문인한테 '난 데뷔한 작가라도 시는 한 줄도 못 쓴다.'는 메시지를 보냈다. 그런데 회신이 온 걸 보니까 '시를 어떻게 한 줄로 쓰느냐?'고 반문하는 내용이었다. 뭔 소린가 하고 대충 보고 지나쳤다가 나중에 시간이 있어서 다시 자세히 보니 내가 '나는 시를 한 줄도 못 쓴다.'는 말을 '나는 시를 한 줄로 못 쓴다.'로 보낸 것이다. '도' 자를 '로' 자로 잘못 쓰는 바람에, 조사 하나 때문에 전혀 다른 뜻으로 의미가 전달된 것이다.

말은 하고 나면 사라지고 말지만, 글은 기록으로 남는다. 그래서 글은 말보다도 무섭고 칼보다도 무섭다. 유행가 중에 '님이라는 글자에 점 하나를 찍으면 남이 되고 남이라는 글자에 점 하나를 빼면 님이 된다.'는 노랫말이 있다.

점 하나를 어디다 찍느냐에 따라 의미가 완전히 달라진다. '화장실, 회장실', '님, 남', '공산당, 공화당' 아마 비슷한 사례는 얼마든지 있을 수 있다. 히브리어의 경우는 특히 더 그렇다.

그리고 어휘 하나라도 잘못 선택하면 오해를 줄 수 있고 충분한 검토를 하지 못하고 발표하면 부작용의 위험을 부를 수 있다. 글은 써 놓고 백 번을 보면 백 번 수정할 것이 있다는데 시기를 타는 기사가 아니라면 백 번은 못 보더라도 완성 후 일주일은 검토하고 발표를 해야겠다는 생각을 해 본다. 불조심 표어 중에 '자나 깨나 불조심, 꺼진 불도 다시 보자!'가 있는데 나는 이걸 '자나 깨나 글 조심, 써 논 글도 다시 보자!'로 패러디해 보니 딱 맞는 얘기였다.

장르가 수필인 경우는 특히 더 그렇다. 수필은 글의 성격상 자기를 다 드러내는 일이라 매우 조심스럽다. 또 글의 생명은 진실인데 현대 사회는 너무 솔직한 것도 소화하기가 힘든 모양이다. 그래서 적당히 둘러치는 식의 라이프스타일을 선호하는지도 모른다. 그래도 난 그러고 싶진 않다.

사람이 실수 없고 흠 없는 사람이 어디 있겠는가. 따라서 작은 실수에도 사과할 줄 알고 작은 후의에도 감사할 줄 아는 사람이 되어야 한다. 그것이 바른 사회생활의 밑거름이 될 것이며 건강한 사회를 구현하는 기본이 될 것이다. 허물 많은 베드로, 열국의 아비 아브라함, 이들도 실수하고 부족했지만 한 시대에 크게 사역한 인물들이다. 실수가 문제가 아니라 실수를 인정하지 않고 고치지 않는 것이 문제다. 매사에 늘 조심하여 남한테 불편을 끼치지 말고 덕을 끼치며 살고 싶은 마음으로 오늘을 시작한다.

Chapter 04

–

역경지수를 높이자

–

　며칠 전 신문에 '노후생활의 주적은 자녀'라는 기사가 났다. 자식이 부모 모시던 세상은 핵가족 시대가 되면서 부모가 자식을 모시는(?) 희한한 세상이 됐다. 신문의 내용은 자식을 맹목적으로 사랑하는 한국 부모들은 자녀 교육과 혼사에 억(億)대의 돈을 쏟아 붓는다. 많은 부모들은 이것도 모자라 자녀에게 집을 사주고 사업자금까지 대준다. 세계에서 이런 나라는 한국뿐이란다. 자녀들을 상전처럼 모신 결과 한국 부모들의 노후생활은 파탄 나고 청소년들의 부모 의존도는 세계 최고 수준으로 높아졌다. 청소년 의식 조사에 따르면 우리 청소년들의 93%가 대학 학자금을 부모가 모두 책임져야 한다고 믿고 있다. 또 87%가 결혼 비용을 부모가 책임져야 한다고 생각하고, 74%는 결혼할 때 부모가 집을 사주거나 전세자금을 줘야 한다고 생각한다. 미취업 자녀의 용돈을 부모가 책임져야 한다는 청소년도 76%에 달했다. 그래서 '부모 입장에서 볼 때 노후생활의 가장 큰 적(敵)은 자녀'라며 '자녀를 이렇게 기르다간 자녀들의 미래도 망치고 부모들의 노후도 망치게 될 것'이라고 경고했다.

지능지수를 IQ라 하고 감성지수를 EQ라 하고 역경지수(Adverse Quotient)를 AQ라 하는데 요새 아이들은 역경지수가 현저히 부족하다.

지금 이 시대는 대개의 아이들이 부모의 과보호 속에 있고 따라서 아이들 스스로 삶을 개척해 나가는 정신이 매우 빈약하다. 과거엔 고학을 하는 아이들도 많았고, 눈물겹게 공부하여 성공한 사례들도 많아서 타의 귀감이 됐고 자극을 주기도 했다. 그런데 지금은 아이들이 너무 부모 의존적이다. 장성해서도 부모로부터 정신적으로 떠나지 못하고 있다.

그래서 하는 말인데 아이들을 너무 챙겨 주지 말자. 자립심이 약하다. 한 발 뒤에서 지켜보라는 뜻이다. 마치 아기가 넘어지면 얼른 일으켜 주는 것보다는 스스로 일어나도록 지켜보는 것이다.

'폴 스톨츠'가 쓴 『역경지수: 장애물을 기회로 전환시켜라』는 책에서 사람이 역경에 부딪힐 때 보통 사람은 세 가지 종류로 나뉜다고 했다.

첫째, 쿼터형이다. 쿼터(Quiter)란 포기하는 사람을 말한다. 조금만 힘들어도 내팽개친다. 작심삼일이다. 힘든 걸 참고 고지를 점령해 보겠다는 의지가 너무 약하다. 무슨 일이든 한번 시작했으면 끝장을 보고자 하는 의지가 있어야 하는데 왜 그렇게 쉽게 무너지는지….

둘째, 캠퍼형이다. 캠퍼(Camper)는 텐트치고 앉아 그 자리에 그냥 안주하는 사람을 말한다. 역경 앞에서 포기하고 도망가지는 않는데 역동적으로 문제를 풀어갈 생각은 안 하고 그냥 그 자리에 주저앉아서 현상유지나 하려고 하는 소극적인 사람이다. 때로는 현실에 만족해야 할 때도 있지만, 현실에 눌러앉지 말고 더 나은 고지를 향하여 돌진하는 적극적이 사람이 되자.

셋째 클라이머형이다. 클라이머(Climber)는 산을 타고 올라가 정복하는 사람을 말한다. 역경이라는 산을 만나면 젖 먹던 힘까지 총동원하여 기어이 올라가고야 마는 집념의 사람이요 의지의 사람이다. 사람은 무슨 일이든 마음먹기에 달렸다. 마음을 굳게 먹고 한 번 도전해 보라. 안 될 것이 없다. 열심히 노력하면 하늘은 스스로 돕는 자를 돕는다.

그런데 역경을 딛고 일어선 사람 중에 어떤 이는 자기 혼자 일어선 것으로 만족하지 않고 다시 돌아와서 다른 캠퍼들을 데리고 같이 역경을 넘어가는 사람을 가리켜서 '리더'라고 한다.

사람의 능력을 말하는 데 있어서 지성도 중요하고 감성도 중요하지만, 인생이란 수없이 많은 역경을 어떻게 극복하느냐의 문제이므로 지성과 감성 그리고 탁월한 믿음을 동원하여 이 역경을 넘어가는 능력이 필요하다. 즉 역경지수가 필요한 것이다. 우리도 역경지수를 높이자. 땀 흘려 얻은 대가가 얼마나 소중한 것인가. 어떠한 역경도 불굴의 의지 앞에는 손을 들게 돼 있다.

Chapter 05

기다리자

-

철학자 '칸트'는 '철학이 무엇이냐!'는 질문에 다음의 세 가지 물음을 가지고 깊이 생각하는 것이라고 했다.

첫째, 당신은 어디서 왔는가? 둘째, 당신은 무엇을 하는가? 셋째, 당신은 어디로 가는가? 즉 '어디서 와서, 무엇을 하다가, 어디로 가느냐?'라는 것을 묻는 것이 철학이라는 것이다. 우리는 과연 어디서 와서 지금 무엇을 하며 살아가고 있는가? 그리고 장차 어디로 갈 것인가?

사람들은 무언가를 기다리며 살아간다. 기다린다는 것은 현재 진행형이다. 반대로 기다리지 않는다는 것은 포기 상태이기 때문에 더 이상 희망이 없다는 얘기이다. 그러므로 죽는 날까지 사실상 기다리는 것이 인생이다. 교회가 부흥하기를 기다리고, 남편의 믿음이 충만해지기를 기다리고, 자식이 철들기를 기다리고, 사업이 잘되기를 기다리고, 아내가 건강하기를 기다리고, 이산가족들은 하루속히 통일되어 꿈에도 그리던 고향에서 가족들을 만날 수 있는 날을 기다린다. 이처럼 인생은 온통 기다림의 연속이다.

오래전에 태평양 전쟁 때 일본 병사가 19년 만에 발견되어 화제가 된 적이 있다. 그는 자기 나라가 미국에 패망한 것을 비관하여 필리핀의 무인도 정글에서 숨어 살면서 일본으로 돌아갈 날을 기다리고 있었다. 일본이 패전한 데 대한 절망 속에서 반 짐승처럼 필리핀의 정글 속에서 숨어 살았던 것이다. 그의 개인적 삶은 참으로 불행하고 안타까운 일이라 하겠다. 일본은 세계적인 부국이 되어 있다. 나라를 위해 참전했던 군인으로서 마땅히 보상을 받고 잘살 수 있었는데도 불구하고 그는 자기 생각에 속아 19년간 어둠과 고난, 고독 속에서 일본이 다시 일어서기를 기다리며 살았다. 이 일본 병사의 삶에서 보듯이 우리 인간의 삶에서 실패의 요인 중 하나는 마귀한테 속아서 무언가를 잘못 기다리고 있다는 것이다. 사람이 마귀한테 속아서 자기 생각이 옳다고, 교회에서 하는 소리 다 사기라고, 내 생각대로 살아야 한다고 우리 생각에 마귀가 침투할 수 있다.

주님은 우리의 인생을 속이는 자는 사탄 또는 마귀라고 말씀하신다. 주님께서는 마귀한테 속아 이 땅에서 실패하고 불행하며 죽어서도 멸망할 수밖에 없는 삶을 영원한 생명의 길로 인도해 주시기 위하여 오신 것이다. 그 예수님을 붙잡고 끝까지 믿음으로 달려 가다 보면 아름다운 결과물이 도출될 것이다.

성경에도 기다림의 이야기가 많이 나와 있다. 특히 출애굽은 무려 400년 이상 애굽의 노예로 지내던 이스라엘 백성들이 해방을 기다려온 역사를 쓰고 있다. 아예 체념하고 살 수 있는 수백 년의 세월이었지만 그들은 마음속으로 조국을 그리워하고 언젠가는 돌아가게 될 걸 기다리고 있었다. 그리고 그들은 출애굽 하면 이젠 살길이 열리는 줄 알았는데 또 광야 40년이 기다리고 있었다. 그들은 그것도 잘 참아 기다렸다. 400년도 기다렸는데 40년은 아무것도 아니다.

그러나 그 기다림이 올바르지 못하여 약속의 땅 가나안에 들어가지 못한 사람도 있고, 믿고 끝까지 긍정의 언어로 산 사람들은 그 땅에 들어갔다. 40년을 기다리면서 최종 축복의 땅까지 골인할 자와 중도 탈락할 자가 가려진 것이다. 이스라엘 열두 지파의 대표들이 가나안 땅을 정탐하고 왔을 때 하나님께서 열 지파의 대표들은 가나안 땅에 들어가지 못하게 하시고 여호수아와 갈렙만이 들어가게 하신 것도 그들의 신앙, 즉 기다림의 태도 때문이었다. 기다림의 목표와 태도가 중요하다. 그러니까 아무렇게 나 혼자 생각하고 결정하고 행동하는 것 같아도 하나님은 우리의 세심한 부분까지도 사실은 다 보고 계시다는 사실을 명심하고 살아야 한다.

기다림의 태도는 세 가지로 나눌 수 있다. 첫 번째 기다림은 오기로 기다리는 기다림이다. 지금까지 기다려 왔기 때문에 기다린 세월이 억울해서 계속 오기로 기다리는 것이다. 두 번째 기다림은 포기하는 자세의 기다림이다. 지금까지 그렇게 살아왔으니까 앞으로도 내 인생이 별것이 있겠는가, 될 대로 되라는 자포자기의 자세로 기다리는 것이다. 세 번째 기다림은 분명한 약속을 믿고 기다리는 것이다. 하나님의 뜻과 하나님의 신실하심을 바라보고 기다리는 당당하고 늠름한 기다림이다. 여기서 세 번째 기다림은 분명한 약속을 믿고 기다리는 것이다. 하나님의 말씀 안에서 기다리는 것이다. 이런 기다림은 축복의 기다림이다. 정말 참을 만한 가치가 있는 일이다.

20세기 최고의 석학으로 불리는 '에리히 프롬(Erich Fromn)'은 사랑을 갈파하기를 '사랑은 관심이다, 존경이다, 이해하는 것이다, 책임을 지는 것이다, 주는 것이다.'라고 했다. 과연 우리가 무엇을 바라고 기다린 다면 그것에 대한 관심이 지대한 것이요 그 관심은 바로 그걸 사랑한 다는 것이다. 그래서 사랑의 반대말은 미움이 아니라 무관심이다. 우 리가 교회에서 사랑을 실천한다는 말은 관심을 갖는 것을 말한다. 교 인들끼리 서로 관심을 가져야 한다. 서로의 안부를 묻고, 같이 걱정하 고, 같이 기도하고, 같이 어울리고, 같이 장단 맞춰 주고, 그런 크리스 천 펠로우십이 필요한 것이다.

_

Chapter 06

물 없이 보낸 하루

_

어제 점심 때가 조금 안돼서 물이 안 나온다는 보고가 올라왔다. 나는 '물' 소리만 들어도 알레르기 증상이 있다. 그것은 신혼 때부터 개척 교회를 이끈다고 수도 시설 하나 제대로 갖추지 못한 상태로 살림을 시작한 채 십여 년을 살았기 때문에 그렇다.

이목리 시절엔 당시 거기에 상수도가 들어오지 않던 때라 내가 직접 다섯 군데나 우물을 판다고 매일 삽 가지고 온 산을 다 쑤셔 팠지만, 힘만 뺐지 성공을 못 했다. 어렵게 간신히 샘을 찾아 웅덩이를 파고 돌을 묻고 모터를 설치했는데 수원이 부족해 모터는 수시로 고장이 났다.

봄가을엔 물이 부족해서 고장이 나고 겨울철엔 추워서 배관과 모터가 자주 얼어 고장이 났다. 그러면 모터를 뜯어서 늘 자전거에 또는 오토바이에 싣고 남문에 나가서 고쳐다가 설치하면 불과 며칠 못 가고 또 망가진다. 그땐 관정을 판다는 것은 엄두도 못 낼 일이었다. 보다 못한 성도 한 사람이 그 동네에 상수도 공급이 시작되자마자 비용을 자기가 부담해서 상수도를 설치하여 얼마나 편했는지 모른다.

그러다가 이쪽으로 이사 와서 교회당을 건축했는데 역시 상수도 설치를 또 하지 못했다. 그것은 당시 지하수가 좋았고 당장 한 푼이라도 아껴야 했기 때문이었다. 그것뿐만 아니라 없는 돈에 건물을 짓다 보니 많은 부분 흡족하게 공사를 하지 못했고 또 정규 건축의 경험이 없다 보니 아쉬운 부분이 더러 있는데 그중 하나가 상수도다. 힘이 들어도 그때 상수도를 놨어야 하는 건데 돈 아낀다고 안 했더니 지하수 때문에 가끔 불편할 때가 있다.

여기야 뭐 물이 많아서 물이 부족할 일은 없는데 모터 관리, 겨울철 물탱크 관리 등이 때로는 불편하다. 그래도 이제는 내가 직접 하는 경우는 거의 없지만 어쨌든 대표자로서 모든 부분에 신경이 쓰인다.

일단 물이 안 나온다니 즉시 나는 움직였다. 부랴부랴 다 점검해 보고 펌프 가게에 연락을 취해 봤지만, 해결하지 못한 채 하룻밤을 보냈다. 이만 닦고 끈끈한 걸 참고 자려니 고역이었다. 우리야 참으면 된다고 하지만, 아래층은 우리 어린이집인데 거기가 문제다.

오늘도 나는 이 문제를 해결하려고 아침부터 뛰었다. 몸은 땀으로 절었고 머리는 기름이 내려 떡이 됐다. 그게 문제가 아니다. 어쨌든 물이 나오게 해야 한다. 전화로 전문가한테 진단을 받았다. 문제는 관정 맨 밑에 들어가 있는 제트에 이상이 생겨 빈 모터가 돌았고 그래서 모터도 망가졌다. 그걸 지금 뜯어고칠 여건이 안 된다. 관정이 묻힌 곳은 남의 땅이 되어 집이 지어졌고 공간은 두껍게 모두 포장이 됐다.

일단 전문가가 와서 모터는 고쳐 정상 작동이 되는데 제트가 제 역할을 충분히 하지 못해 물을 빨아올리지를 못한다. 거의 포기하고 이미 어제 상수도 신청을 했고 오늘은 최종 지하수를 다시 파는 거로 결론을 내렸으니 며칠 불편하게 지낼 각오를 했는데 장로님이 당신이 좀 더 시도해 보겠다고 한다.

그것이 되려나 싶어 마음대로 하시라고 하고 별 기대를 안 하고 내 방으로 왔다. 그런데 얼마 후 물이 물탱크로 들어간다는 것이다. 결국 임시지만 만 하루 만에 물이 다시 나오니 그렇게 반가울 수가 없다. 당장 샤워부터 하니 날아갈 것 같다. 장로님의 고집이 일단 급한 불은 끈 셈이 됐다. 일이란 것이 이렇게 여러 사람이 거들다 보면 되는 수도 있다. 다시 상수도를 놓든 관정을 파든 해야 하지만 우선 물을 쓸 수 있게 돼서 다행이다.

우리나라도 물 부족 국가로 분류가 됐단다. 물을 아껴 써야 할 때가 됐다는 것이다. 물 없는 하루를 보내면서 물의 고마움을 절절히 느꼈다.

Chapter 07

–

걸으면 살고 누우면 죽는다

–

좀 창피한 얘기지만 나는 할 줄 아는 운동이 아무것도 없다. 그럼 심판이라도 보라고 하는데 심판 볼 정도의 실력이라면 뭔 걱정이겠는가. 누구 말마따나 운동이라면 그저 숨쉬기 운동하고 걸어 다니는 정도의 수준이다. 내가 윷놀이도 못 한다고 하니까 친구가 나보고 국보급 존재란다.

나는 운동을 한 가지도 못해서 오직 걸을 뿐인데 걷는 게 그렇게 좋다니 감사한 일이다. 무원칙 운동이 오히려 제일 좋은 운동일 수 있다는 것이다. 운동은 몸을 움직여주므로 이완된 근육을 풀어 주고 혈액 순환을 원활하게 하여 체내 독소를 없애 준다. 여기에는 규칙도 있지만, 몸을 움직여 주는 그 자체가 운동이고 자신의 편리에 따라 움직여주면 된다.

운동 중에는 걷기 운동이 제일 좋은 운동이란다. 천천히 걸으면 1시간에 240㎉를 소모하는데, 1시간 이상 걸어야 밥 한 공기 분량인 300㎉를 소모할 수 있다. 이것을 계속 꾸준히 하면 혈관에 쌓인 나쁜 콜

레스테롤을 줄여주므로 당뇨나 고혈압, 암까지도 예방해 주고 뼈와 근육을 단련시켜주므로 30대에도 발생하는 골다공증도 예방하여 준다. 현미식과 함께하면 더 효과적이란다.

걷는 것보다 좋은 것은 없다. 속도 조절도 얼마든지 자기한테 맞게끔 할 수 있다. 동료 목회자는 살 뺀다고 한 달에 53만 원 내고 채소만 먹고 있고, 다른 목회자는 태권도를 좋아하여 돌려차기하다가 허리를 다쳐서 매일 철봉에 매달려 있어야 하고, 또 다른 목회자는 축구하다 공이 귀를 때려 고막이 터져 수술을 해야 한다는 얘길 들었다. 걷는 것은 이런 위험이 아무것도 없다. 돈도 안 든다. 혹 운동화값이 좀 들려나 모르겠지만, 그 외에는 시간만 투자하면 된다. 시간 없다는 것도 핑계다. 내가 아는 공무원은 점심시간에 밥 빨리 먹고, 걷고, 샤워하고, 오후 근무 지장 없이 한단다. 시간은 만들면 되는 것이다. 특히 산을 걷는 것처럼 좋은 것은 없다.

한 정거장 거리는 차를 타지 않고 걷는 것이 좋으나 공기가 좀 그렇고 자전거 하이킹도 공기 때문에 좀 그렇다. 그래도 하루 3km 정도는 항상 걷고 건물 5층 이하는 엘리베이터를 타지 않고 걸어서 이용하면 좋다. 이 정도의 규칙은 무리한 것이 아니므로 누구나 마음만 먹으면 쉽게 할 수 있는 운동이다.

걸으면 머리가 맑아진다. 도시에서 걸을 때는 잘 못 느껴도 시골 산길을 걸으면 머리가 맑아지는 것을 쉽게 느낄 수 있다. 굳어져 있던 근육이 풀리면서 혈액순환이 잘 되고 심호흡을 하면 나무에서 나오는 피톤치드(phytoncide), 테르펜(terpene), 음이온 등이 몸속으로 들어와 머릿속을 시원하게 하고 스트레스 해소와 심폐 기능 강화에 도움을 주기 때문이다. 가벼운 우울증이나 머리 아픈 것은 삼림 속에서 몇 개월

걷는 생활을 하면 쉽게 없어진다.

프랑스의 사상가 '장 자크 루소(Rousseau)'는 '나는 걸을 때만 명상에 잠기고 걸음을 멈추면 생각도 멈춘다.'라고 했다. 걸을 때 영감을 얻었다는 것이 된다. 나도 산 한번 올라갔다 오는 사이 많은 영감을 얻는다.

걸으면 살고 누우면 죽는다는 얘기는 내 말이 아니다. 이미 알려진 얘기다. 그런 정신을 가지고 오늘도 어서 나가라. 좀 걷고 들어오란 말이다. 컴퓨터 앞에서 떠날 줄 모르는 아이들을 동네 한 바퀴 돌고 들어오도록 내쫓아야 한다.

Chapter 08

여름철 예절과 새벽의 영성

장마철이라 해도 비가 매일 오는 게 아니기 때문에 해가 나는 날은 무척 덥다. 아무리 생각해 봐도 열대지방에 가서 사는 한국 사람들은 참 대단한 거 같다. 현지인들이야 원래 거기 기후에 맞게 태어났겠지만, 한국 사람은 한국 기후에 맞게 출생했을 텐데 어떻게 견디는 것일까?

요새 우리나라는 날씨가 덥다 보니 집집마다 밤에 창문을 모두 열어 놓고 잔다. 그런데 문제가 있다. 이웃 간의 소음이다. 나는 새벽기도 때문에 웬만하면 10시 정도면 무조건 취침모드로 들어간다. 밤 12시나 돼야 자던 습관을 억지로 뜯어고친 것이다.

그런데 창문을 열어 놓고 있다 보니 취침 시간은 소음과의 전쟁이다. 창문 너머로 들리는 소리가 가관이다. 대낮처럼 큰소리로 자녀들 야단치는 소리, 어른들 떠드시는 소리, 하수구로 물 내려가는 소리, 세탁기 돌아가는 소리, TV 떠드는 소리, 재채기하는 소리, 큰 소리로 하품하는 소리, 비행 청소년들 담배 피우며 떠드는 소리. 이런 소리 다 듣고 있노라면 잠은 들 기미조차 없다. 그래도 나는 죽은 척하고 누워 잠을 청한다. 내일을 위하여.

우리나라도 좀 일찍 자는 건강한 문화가 정착되었으면 좋겠다. 특별히 직업상 늦게 자는 거야 어쩔 수 없는 일이지만 그게 아니라 그냥 허접하게 시간 보내다가 늦게 자는 것은 좋지 않은 버릇이다. 직장에서도 마찬가지다. 낮에 정상적으로 근무하면 칼퇴근이 문제없을 텐데 적당히 시간 보내다가 야근해야 한다고 설치는 것은 충실한 척하는 얌체족이다.

교회에서도 마찬가지다. 취침 시간 전까지만 해도 얼마든지 기도할 수 있는데 철야한다고 심야에 교회에 모였다가 새벽녘에 귀가하여 잠을 잔다면 당장 출근에 문제가 생긴다. 생활리듬을 깬다. 그래서 우리 교회는 철야기도라는 게 공식적으로는 없다. 대신 월요일 저녁에 모이는 출애굽기도회는 운영 중이다.

며칠 전 우리 교회에서 목사후보생 교육이 있었다. 1교시에 내가 강의를 맡았다. 내용 중 한 소리는 새벽기도였다. 새벽기도는 기도 시간의 장단을 떠나서 새벽을 지켜나가는 그 정신이 중요한 것이다. 그것은 자기 영성을 지키고 키우는 일이요 교회와 국가를 지키는 이 땅의 파수꾼들이다.

전에는 새벽기도 마치고 한두 시간 활용을 많이 했는데 이젠 나이를 먹어서일까? 또 눕게 된다. 물론 깊이 자는 건 아니지만 한 시간 정도 누워 있는 게 아주 행복하다. 새벽기도 하느라고 일어나면 사실상 하루를 연 것인데 새벽기도를 마치고 나면 이제 일과가 끝난 홀가분한 생각이 들기도 한다. 그것은 그냥 예배에 참여하는 사람과 그 예배를 인도하는 사람의 차이일 것이다. 늘 연구하고 늘 기도하고 늘 깨어 있는 것이 목회자의 삶이다.

무더운 여름철이다. 자기 집에서 생각 없이 떠드는 소리가 이웃에게 불쾌감을 줄 수 있다. 좀 조심하기 바라고 밤 9시 이후는 너무 큰 소리로 떠드는 일을 하지 말아야 한다. 그리고 덧붙여서 하고 싶은 말은 여자들이 너무 속살을 다 드러내 놓고 다니는 일을 자제했으면 싶다.

원래 좀 가릴 건 가릴 때 신비감이 있는 것이지 심한 노출은 보는 이 민망스러울 수도 있고 또 범죄의 표적이 될 수도 있다. 아직은 덜 덥다. 더 더워질 건데 벌써 다 그러고 다니면 나중엔 어쩔 것인가.

아담과 하와가 에덴동산에서 범죄 한 이후 인간은 옷을 입게 돼 있다. 체온 유지의 목적이 있지만, 또 다른 목적은 자기를 포장하는 기술이기도 하다. 내용이 좋은데 포장이 엉망이면 상품성을 떨어뜨린다. 때와 장소에 맞는 적당하고 아름다운 포장도 필요하리란 생각을 해 본다.

Chapter 09

—

웃으시는 예수님

—

　시카고에 사는 화가 친구가 '웃으시는 예수님'이란 제목의 그림을 그려 주고 갔다. 우리가 예수님을 생각할 때 가시 면류관 쓰신 고난의 주님만 생각하지 유머 센스를 갖춘 예수님은 까맣게 잊고 있다.

　한국 상황에서 지금은 웃을 수 있는 시대가 됐다. 물론 사람이 웃는 것은 좋은 일이 있어서만은 아니다. 항상 나쁜 일은 나 스스로 해결하는 정신, 그리고 기쁜 일은 드러내서 남들과 함께 즐거워하는 마음으로 살아야 한다.

　예수 그리스도는 인류의 구원을 위해 대신 고난을 당하시고 돌아가셨다. 그의 몰골은 눈뜨고 보기에도 민망할 정도였다. 그래서인지 예수님의 사진은 모두 가시 면류관을 쓰시고 피 흘리시며 머리가 축 처진 것밖에 없다.

　그러나 그것이 전부가 아니다. 십자가의 고난으로 끝난 것이 아니다. 그 상하신 얼굴은 잠시 후 영광스럽고 해처럼 밝은 모습으로 변하셨다. 주님은 죽음을 이기시고 부활하셨고 승천하셔서 지극히 높임을 받으셨다. 우리 스스로는 결코 누릴 수 없는 영원한 생명을 우리에게 선사하셨다.

그렇다면 이제 우리는 승리하신 주님의 얼굴을 바라봐야 하지 않겠는가. 주님의 상하신 얼굴에서 부활하신 승리의 주님, 즉 웃으시는 예수님의 얼굴을 바라보자는 것이다. 주님은 승리하셨다. 지금은 밝은 시대다. 그렇다면 이제 우리의 삶도 밝아져야 한다. 웃음의 절대량을 늘려야 한다. 한국 사람들은 잘 웃지 않고 근엄한 표정을 짓는 것을 마치 훌륭하게 성공한 사람의 모습으로 인식하고 있다. 미국이나 유럽은 물론 남미, 중동, 인도, 동남아, 아프리카를 통틀어 한국 사람들이 웃음에 제일 인색하다고 한다.

우리나라에 평균 10주에 한 번 웃는 사람도 있다고 한다. '처칠'은 제1차 세계대전 때 폭탄이 떨어지는 전장의 참호 속에서 부하 장교들에게 웃음을 유도했다. 목숨이 경각에 달린 전쟁터에서도 웃음을 잃지 말아야 한다는 처칠의 생각이야말로 그를 위대한 리더이자 탁월한 유머리스트로 만든 원동력이라고 할 수 있다. 그처럼 유머와 긍정적인 생각으로 가득 찬 인물이었기에 그는 전쟁의 와중에도 영국인들에게 용기와 희망을 줄 수 있었다.

웃음에는 막대한 에너지가 있다. 웃음에는 엄청난 이익이 있다. 한 번 폭소는 5분 조깅하는 효과가 있고, 장 협착증 치료에 도움을 주고, 기미나 피부 트러블, 각종 발진에 효과가 있다고 한다. 그뿐만 아니라 척추에도 좋고, 엔도르핀 생성으로 어떤 고통도 극복하는 촉매제 역할을 한다고 한다. 그리고 불안, 짜증, 스트레스를 해소해 준다. 사람의 첫인상이 대단히 중요한데 웃는 이미지는 면접에서 합격률을 극대화시킨다. 직원들이 웃으며 일하면 고객이 좋아하고 업무의 효율성도

향상된다.

세계적으로도 유머가 있는 민족은 성공했다. 그 대표적인 나라가 유대인들이다. 노벨상을 탄 유대인은 100명이 넘는다. 탈무드도 거의 유머적인 교훈이다. 예수님도 유대인인데 막12:37에 보면 예수님이 설교하실 때 '백성이 즐겁게 듣더라.'라고 했다. 음향기기도 없던 시절이었지만 수천 명 모인 회중이 즐겁게 들었다는 것은 거기에 은혜가 있었고, 유머가 있었고, 백성들은 유머를 받을 수 있는 그릇이 준비되었다는 것이다.

유머를 즐기는 대표적인 나라 중의 또 하나는 미국이다. 링컨은 사진은 근엄하게 나왔어도 늘 유머가 넘쳤다고 한다. 클린턴도 유머가 아주 많았다고 한다. 미국 사람들은 심각한 장례식이 아니면 그곳에서도 유머를 잃지 않는다고 한다. 유머 문화에 익숙하지 않은 우리나라 사람들은 유머 때문에 오해가 생기는 경우도 있다.

고난의 주님만 보지 말고 웃으시는 예수님을 바라보고 웃으면서 살 수 있는 축복을 소망한다.

Chapter 10

아마추어 부흥사의
부흥회 일지

-

　연초에 부천에 있는 평강교회 헌신 예배 강사로 갔었다. 영양이야 어찌 됐든 외식은 일단 기분부터 맛있을 것 같은 '필'이다. 초청 강사라 힘도 들어갔을 것이고 유머도 좀 섞었을 것이다. 그래서일까? 그 교회 목사님이 광고 시간에 뜬금없이 "황 목사님, 가까이 지내도 이런 분인 줄 몰랐습니다. 은혜 많이 받았고 아주 재미있었습니다. 여러분! 이 목사님을 우리 교회 부흥회 강사로 초청하면 어떨까요?" 하고 물었고 교인 일동은 "아멘!"으로 세게 화답했다. 이렇게 해서 나는 팔자에 없는 (세상적 표현) 부흥 강사로 가게 됐다. 물론 연합 집회에 한 시간을 맡는다든지 아니면 하루 집회는 많이 다녔지만 한 주간을 '풀'로 뛴 건 처음이다. 하긴 나는 부흥회는 안 다녀도 한국 교회 유명한 부흥사 단체에 부회장이란 임명장이 온 걸 받기도 했고 또 다른 부흥사 단체에는 공동회장이기도 했다.

　부흥회 강사 초청을 받고 기뻐할 수도 거절할 수도 없는 것은 내가 전문 부흥사도 아니고 우리 교회 목회도 바닥에서 기는 주제에 어딜

가느냐는 생각 때문이었다. 거절하자니 '내가 무슨 대단한 존재라고' 하는 생각과 또 하나는 '이 부족한 종의 설교를 통해 그 교회 성도들이 들어야 할 메시지가 혹 있을 수도 있겠다'는 것 때문에 이러지도 저러지도 못하고 있었다. 그러다가 날짜가 다가와 순종할 수밖에 없었다. 원래는 8월 말이었는데 올해 날씨가 너무 더워 10월 말로 연기한 것이다. 연기하길 잘했지 그냥 했더라면 아마 난 더워서 반은 죽었을 것이다.

과거엔 교회마다 1년 두 차례 정도의 부흥회는 필수인 줄 알았다. 그런데 내가 목회하면서 보니까 부흥회에 대한 회의가 오기 시작했다. 한마디로 강사 선정에 대한 어려움이다. 강사 한 번 잘못 세워 놓으면 1년 내내 뒷수습하기에 골치다.

〈첫째 날〉

강단에 서기 전에는 약간의 긴장도 됐지만, 막상 단에 서니 바로 페이스를 찾았다. 기왕에 왔으니 최선을 다하자. 힘차게 외쳤더니 땀도 흐른다. 성도들의 환한 모습은 집회가 잘 되고 있다는 증거다. 첫날 집회를 일단은 테이프를 잘 끊었다. 식사하고 귀가하여 내일 전할 말씀을 점검하고 잠자리에 들었다.

〈둘째 날〉

준비한 원고의 분량이 좀 많아서 그걸 제대로 하다가는 지루할 것 같다. 중간에 복음적 조크를 좀 하면 은혜와 흥미를 모두 충족시킬 수 있지 않을까 하는 생각을 하며 일단 단에 섰다. 원고를 들여다보게 되지 않는다. 거의 그냥 하다 보니 8매 원고에서 1매 정도만 소화했다.

즉흥적으로 토해내는 말씀으로 어제 분량의 영성은 그대로 전달이 됐다. 집회의 열기는 한층 달아올랐다.

〈셋째 날〉

차를 몰고 부흥회 할 교회로 가는데 딸, 정미한테 전화가 왔다.

"아빠, 부흥회는 잘하는 거야?"

"야, 이놈아! 잘하지 그럼 못하겠냐."

"그럼 울고불고 난리겠네."

"야, 잔치 벌여 놓고 왜 우냐. 난 그런 거 안 한다. 아니, 모두 배꼽을 빼놓고 있는 중이다."

진짜 이번 집회에 복음 안에서 정말 많이 웃었다. 고난의 주님이 전부가 아니고 승리하신 주님을 부각했다. 그 교회 사모님이 이렇게 많이 웃어 보기는 얼마 만인지 모르겠다고 했다.

〈넷째 날〉

4일이 순식간에 지나갔다. 처음엔 다소 걱정도 됐으나 성령께서 감당할 능력을 주셨다. 내용은 알차게 준비했으나 시간 관계상 다 하진 못했고 또한 내용의 절반 정도는 즉흥적으로 변경하게 됐다. 목사님, 장로님, 성도들의 감사한 마음과 아쉬움을 뒤로 한 채 그리고 건축 후 다시 초청하겠다는 선언을 들으며 부흥회의 막을 내렸다.

Chapter 11

부흥회를 다녀와서

—

 한 달 전쯤인가. 외출 후 집무실에 들어오니 팩스가 와 있다. 강원도에 소재한 순복음교회인데 나보고 부흥회를 해 달라는 내용이었다. 바로 통화가 됐다.

 내가 "어째서 나를 강사로 정했나? 나는 전문 부흥사가 아니다. 어쩌다 한 번 할 뿐인데…."라고 말하자, 상대방은

 다 알고 있다며 인터넷을 통해 정보를 얻었다고 한다.

 나는 "알았다. 성령이 인도하시는 대로 말씀을 준비하겠다."하고 통화를 끊었다.

 통화 후 아내한테 말했다.

 "나 말이야, 순복음교회에서 부흥회 오라는데 어떡하지? 거긴 부흥회 하면 죽은 사람 하나쯤은 살려 놔야 할 텐데 말이야. 으하하."

 내가 죽은 육신을 살릴 재주는 없다. 하지만 죽은 영혼은 살리리라는 믿음을 가지고 집회를 준비했다. 드디어 예정한 날짜가 돼서 부흥사로 강원도에 갔다. 굽이굽이 꼬불꼬불 산길을 지나갔다. 교회에 도

착하니 '황화진 목사 초청 심령대부흥성회'라는 현수막이 도로변에 걸려 있고 포스터도 부착돼 있었다. 바로 짐을 풀고 식사하고 첫 집회가 열렸다. 시골 교회치고는 제법 큰 교회였다. 순복음 특유의 뜨거움과 담임목사의 찬양 인도가 인상적이었다. 담임목사를 비롯한 모든 사람이 다 초면이었다. 순복음교단과 장로교단은 교리상으로 많은 차이가 있고 신앙 컬러가 확연히 달라서 처음엔 어떤 식으로 집회를 이끌고 갈까를 저울질하게 되었다.

둘째 날, 나와 순복음과의 인연을 얘기했다. 내가 고등학교 때 예수를 믿었는데 그때 나한테 영적 감동을 주신 분은 다름 아닌 조용기 목사였다. 난 그분 근처에도 가 본 일은 없지만, 그의 영향은 참으로 많이 받았다. 70년대 그의 패기 넘치는 라디오 설교를 듣고 나는 보통 힘을 얻은 게 아니었다. 그 교회에서 보내 주는 설교 테이프를 20여 년간 받아 모두 들었으니 그 교회 성도나 다름이 없었다. 내가 문인의 길을 흠모하며 제일 먼저 글을 발표한 잡지도 거기서 나온 '신앙계'였고 국민일보를 창간할 때 제호를 모집할 때 내가 '민족일보'로 응모하여 2등을 먹기도 했다.

집회 분위기는 바로 잡혔다. 성도들이 말씀 말씀에 적극적으로 은혜를 받으니 그야말로 은혜 충만이었다. 성도들이 워낙 뜨거워서 어지간한 영성 가지고는 이들의 욕구를 충족시키기가 만만치 않겠다는 생각이 들었다. 마지막 날엔 그 충만을 가누지 못해 교회당 안을 뛰는 사람도 있고, 손뼉을 치는 정도가 아니라 온몸으로 찬양하는 그들의 모습이 다른 교회와 다른 점이었다. 아마 우리 교회에서 기도해 주는 중보기도가 한몫했으리라 생각된다.

강사 숙소는 읍내 모텔인데 매시간 그 교회 장로님이신 현역 육군

원사가 나의 기사로 섬겨 주셨다. 군대에서 지휘관을 모시는 예가 몸에 밴 듯 그는 나를 아주 깍듯이 섬겼다. 첫 시간에 나는 밥을 많이 먹지 않고 서민 체질이라 가벼운 식사였으면 좋겠다고 광고했는데도 이미 식사 각본이 짜여 있어서 내 소리는 전혀 씨가 먹히지 않았다. 너무 잘 접대해 주는 것이 소식가인 나에게는 오히려 부담스럽기도 했다. 집회는 새벽, 낮, 밤인데 강사가 쉴 시간이 오후 한두 시간 외에는 별로 없었다. 잠자리도 바뀌고 신경이 쓰여서인지 잠도 제대로 자지를 못했다.

최선을 다했다. 집회마다 열정을 다하면 온몸은 땀으로 누빈다. 숙소에 돌아오면 그냥 퍼지고 싶다. 그렇다고 잠이 드는 것도 아닌데…. 그래서 간단히 씻고 마지막 날에야 제대로 샤워를 했다. 어떻게 집회를 감당하나 하는 걱정도 사실 있었다. 두 번째 날 설교 전엔 약간 힘이 부친다는 느낌이 들었으나 막상 강단에 서니 새 힘이 솟아났다. 그 후 끝까지 강력한 메시지로 잘 마무리할 수 있어서 감사했다. 이번 집회는 좋은 경험이었고 어떤 집회도 할 수 있겠다는 자신감을 얻었다. 은혜 받은 성도들의 섬김과 사랑을 뒤로하고 집회는 은혜 가운데 마쳤다.

Chapter 12

도둑한테도 배울 것이 있다

사람이 이 세상에 태어나서 어느 정도의 학교 수업이 끝나면 직업을 갖는다. 그런데 세상에 그 많은 직업 중에 하필이면 경찰관들을 피곤하게 하는 도둑질을 직업 삼아 사는 못된 사람들이 있다.

하루는 도둑들이 도둑질을 열심히 해서 많은 소득을 올렸다. 자기들끼리 둘러앉아서 그걸 분배하는데 한 대원이 다른 대원들보다 더 많이 차지하려고 소위 '삥땅'을 쳤다. 그중 한 사람이 "야, 양심 좀 있어라!"라고 했다. '도둑과 양심' 왠지 전혀 어울리지 않는 단어라고 생각이 된다.

그런데 나는 오늘 그런 도둑들한테서도 얻을 교훈이 있다는 것을 간단히 기록한다. 물론 도둑을 미화하거나 도둑을 예찬하고자 하는 소리는 아니니까 절대 오해는 없기 바란다.

첫째, 도둑은 밤늦게까지 일을 한다. 그게 도둑질이어서 그렇지 다른 일을 그렇게 열심히 한다면 본받을 일이다. 나쁜 일 빼놓고는 자기 맡은 일에 최선을 다하는 삶의 자세가 필요하리라. 한국의 빠른 산업화는 밤늦게까지 열심히 일한 결과일 것이다.

둘째, 도둑은 목표한 일을 하룻밤에 끝내지 못하면 다음 날 밤 다시 도전한다. 이것은 집념이다. 여기서 얻을 수 있는 힌트는 우리가 무슨 일을 하든 지 집념을 가지고 포기하지 않으면 때가 오는 것이고 그때가 오면 소기의 목적을 이루게 되는 것이다.

셋째, 도둑은 동료의 행동을 자기 일처럼 느낀다. 그래서 동료의 아픔을 자기의 아픔으로 알고 동료를 위해서 나쁜 짓을 서슴지 않는다. 잘하는 짓은 아니지만 그들의 파트너십이라든가 의리 이런 거는 나름대로 대단하다는 것이다.

넷째, 도둑은 적은 소득에도 목숨을 건다. 성경에 보면 작은 일에도 충성을 다할 때 큰일을 할 수 있다는 말씀이 있다. 무슨 일이든 밑바닥부터 성실히 최선을 다하면 정상에 이르게 된다. 요번 대통령 당선자도 밑바닥부터 열심히 살아온 분이다. 삼성도 더러 특검도 받고 그러지만 그래도 얼마나 대단한 기업인가. 그러나 그 삼성도 창업자가 삼성상회라는 작은 가게를 시작한 것이 지금은 세계 굴지의 기업이 된 것이다.

다섯째, 도둑은 아주 값진 물건도 집착하지 않고 몇 푼의 돈과도 바꿀 수 있다. 별것도 아닌 세상의 부귀영화나 구차한 명예에 집착하지 않고 그런 거 과감히 분토와 같이 내버릴 수 있는 결단은 대단한 것이다. 그들의 결단성은 벤치마킹할 필요가 있다.

여섯째, 도둑은 시련과 위기를 잘 견뎌낸다. 수없이 많은 어려운 고비를 만나지만, 여전히 살아남는 도둑은 참으로 대단한 도둑들이다. 여기서도 얻는 힌트는 성도들은 환란과 핍박을 잘 견디고 승리하는 모습을 보여 줄 수 있어야 한다는 것이다.

일곱째, 도둑은 자신이 하는 일에 최선을 다한다. 비록 도둑질이지만 그걸 성공하기 위해서 고민하고 연구하고 실행에 옮긴다. 사람은 성실해야 한다.

사람이 매사에 겸손한 마음으로 거울삼으면 다 배울 점이 있다. 성경엔 도둑질하지 말라고 했다. 남의 것을 탐내지도 말라고 했다. 대신 이웃을 사랑하라는 것이다. 나 외의 모든 사람은 다 이웃이다. 서로 사랑하며 살 수 있는 따뜻한 세상 그래서 경찰관들이 수고를 덜해도 되는 세상이 되기를 소망한다.

Chapter 13

—

지금은 밥을 적게 먹을 때다

—

　한국은 지금 고 영양시대를 살고 있다. 그래서 아무렇게나 먹어도 살이 찐다. 따라서 잘 먹으려고 하다가는 늘어나는 건 출렁이는 뱃살뿐임을 명심해야 한다. 과거엔 남의 밥그릇이 커 보였지만 지금은 그럴 이유가 없다.

　그렇다면 어떻게 식사를 해야 할까? 대충 먹으면 된다. 절대로 반찬 타박을 하면 안 된다. 남자들은 주는 대로, 있는 대로, 뵈는 대로, 더 뒤지지 말고 보이는 것만 먹으면 된다. 회식을 나가든, 대접을 받든, 더 먹으라고 자꾸 권하지 말아야 한다. 인사로 한마디 정도야 할 수 있겠지만, 자꾸 권하는 것은 '내가 당신 살을 쪄 놓고야 말겠다.'라는 의지의 표현이다. 자꾸 냉장고 문을 여는 습관도 버려야 한다. 허기가 지기 전엔 간식도 먹지 마라. 살이 찌면 만병이 기다렸다는 듯이 고개를 들이밀 수 있다.

　사람들이 흔히 밥 많이 먹는 사람보고 '돼지같이 밥만 많이 먹는다.'라고 한다. 그러나 사실 돼지는 절대로 많이 먹지 않는다. 돼지는 자기 위의 80%가 차면 자동으로 죽통에서 물러선다. 그래서 돼지가 밥 많이 먹고 설사 나는 일은 없다.

그런데 사람들은 어떤가. 사람들은 자기 위의 120%를 채워야 포만감을 느끼고 느긋해진다는 것이다. 이건 순전히 욕심이다. 그러니까 진짜 돼지 같은 건 사람이다. 사람의 위는 한 끼에 2인분이 들어갈 수 있는 크기이다. 그래서 밥을 먹고도 누가 또 밥을 먹자고 하면 또 먹을 수는 있다. 그러나 그렇게 먹으면 위에서는 상당한 부담을 느끼게 되는 것이다. 사람이 배 터지게 밥을 먹었다면 2인분을 먹은 것이다.

과거 가나안농군학교 김용기 장로는 7할만 먹으라는 얘기를 그 옛날부터 했다. 그분은 선견지명이 있는 분이었다. 사람의 위가 2인분 크기인데 그것도 1인분의 7할만 채우라는 것이다. 그러면 건강에 아주 좋다는 것이다. 그러니까 더 먹고 싶을 때 과감하게 수저를 내려놓는 결단이 필요하다.

장수촌을 가 보라. 그들은 전부 소식가다. 어차피 사람 몸에 무엇이 들어가느냐가 그 사람의 건강을 좌우하게 된다. 그러니까 깨끗한 물, 적당한 식사, 맑은 공기 이 세 가지만 충족되면 사람들은 장수 할 수 있다.

어느 모임에 가도 간식거리를 내놓고 식사도 나온다. 그런 때일수록 조심해야 한다. 집에서는 어느 정도 절제하다가 밖에 나가서 남들하고 있을 때 안 먹으면 손해라고 생각해서인지 진짜 뵈는 대로 안 보일 때까지 다 먹는 사람들을 보면 정말 위대胃大하다는 생각이 든다.

몇 해 전에 대학원 동기생 모임에 나갔더니 한 친구가 고기는 먹으면 먹을수록 손해라고 한다. 그 말이 상당 부분 맞는다는 생각이 든다. 전혀 안 먹을 수야 없겠지만 그만큼 자제함이 좋다는 뜻이다.

우리 민족이 과거 못살던 시절 하도 배고픈 서러움이 있어서인지 지금도 여전히 먹는 거에 눈을 밝히는 사람들이 있다. 남을 대접하는 것도 굳이 비싼 것이어야만 할 필요도 없는데 흐름은 그렇다. 특별한 경우가 아니라면 몇천 원짜리 식사라도 아주 훌륭하다.

지금은 밥을 적게 먹을 때다. 그리고 다이어트를 실천해야 할 때이다. 다이어트란 규칙적인 조절 식사를 말한다. 그냥 많이 집어넣는 폭식을 하면 안 된다. 밥 하고 원수지지 않았다면 웬만큼만 먹어야 한다. 그러면 건강하게 장수할 수 있다. 오늘부터 소식을 실천해 보라. 그리하면 곧 배가 들어가고 활기가 넘쳐나리니….

Chapter 14

좋은 사람 좋은 습관

—

    죄지은 건 없지만 나는 어쩌다 경찰서를 자주 출입하고 있다. 그리고 경찰서에서 내가 만난 여러 경찰관은 한결같이 좋은 사람들이다. 아마 그들도 나에 대해서 더러 그렇게 느끼는 거로 알고 있다. 이렇게 사람은 사람을 만나고 그 만남은 인생을 행복하게 하는 요인이 되기도 한다.

    최근 몇몇 경찰관들의 문제가 뉴스에 나온 걸 봤다. 정말 안타까운 일이다. 그래선 안 되는데 어떻게 경찰관께서 그런 실수를 범할 수 있나 하는 마음에 착잡한 심경을 금할 길 없다. 술이 원수다. 사람이 술만 들어가면 딴사람이 된다. 그래서 술은 끊어야 한다. 그게 뭐 좋은 거라고 그렇게 흥분해서 마시는가. 그걸 마셔야 남자인가? 웃기지 마라. 그거 안 먹고도 얼마든지 남자 노릇 할 수 있다.

    물론 술 담배 먹는다고 지옥 가는 건 아니다. 먹을 수도 있다. 그러나 기독교인들은 안 먹는 것이 더 잘하는 일이다. 먹어서 배부르지 못할 담배, 먹어서 제정신 빼놓는 술. 호기심에 배우지만 신기할 것 하나도 없다. 군대 가서 고참이 먹으란다고 날름날름 받아먹고 직장에서 상사가 권한다고 덥석덥석 받아먹지 마라. 물론 그 순간은 힘들고 고역이다. 하지만 그건 순간이다. 진짜와 날라리가 가려지는 순간이다.

요샌 중·고등학생들도 보란 듯이 담배 뻗쳐 물고 연기 날린다. 자유다. 여중생들도 담배 꼬나물고 폼 잡는다. 그것도 자유다. 나는 이제 '여학생들이 웬 담배냐!'라고 말 안 한다. 그런 소리 섣불리 했다간 남녀차별한다고 한 소리 듣는다. 그 좋은 담배 자손만대 피워서 집 안 구석구석 담배 연기 채워 놓고 그 맛있는 담배 연기 배 속 구석구석까지 돌려서 혹시 그 연기 못 맡은 장기 서운하지 않게 하겠다는데 뭐라 할 수 있겠는가.

어떤 할아버지가 보다 못해 '대가리에 피도 안 마른 것들이 버르장머리 없다.'고 혼자 탄복하는 소리도 들었다. 정말 꼴사나워서 못 봐주겠다. 한마디 하고 싶어도 참는다. 섣불리 한마디 했다가 '아저씨가 나 담배 피우는 데 보태 준거 있느냐'고 따지면 망신만 당한다. 그래서 다른 사람들도 봐도 못 본 척하고 헛기침만 해대는 것이었다.

좋은 사람을 만나는 것은 참 행복한 일이다. 직장에서, 학교에서, 교회에서 좋은 사람 만나는 건 너무 행복하다. 그들은 대개 좋은 습관들을 가지고 있다. 책 읽고, 등산하고, 건설적인 얘기 나누고, 어려울 땐 어려움도 같이 나누고, 기쁠 땐 기쁨도 같이 나누는 그런 좋은 사람들이 늘 그립다.

그래서 그런 사람을 찾으면 평생 친구가 되는 것이다. 상대방이 배신하지 않는 한 난 먼저 배신하지 않는다. 남이 나한테 시비 걸기 전에 내가 먼저 시비하는 일도 없다. 남이 약속을 어기면 어겼지 나는 어기지 않으려고 신경 무척 쓴다. 물론 그러고도 못 지킬 불가항력적인 일이 있을 수 있다. 그땐 거기에 대한 변명이 있어야 한다. 사과해야 할 일엔 사과하고 시인할 일은 즉시 시인하는 자세다.

말 한마디가 보증수표인 사람이 되어야 한다. 말만 번지르르하게 해 놓고 지키지 않는 사람, 생각 없이 말해 놓고 기억도 못 하는 분들, 정말 대책 없는 사람들이다. 난 그런 사람들이 싫다.

사람은 습관 들이기 나름이다. 배울 땐 못된 버릇 배우지 마라. 습관을 들이면 철들고 고친다는 게 얼마나 힘든 일인지 모른다. 스스로 좋은 사람이 되려고 노력하라. 그리고 좋은 습관을 들이도록 많이 노력하라. 그리하면 좋은 사람들을 많이 만나서 인생이 행복할 것이다.

Part 2

Chapter 01

—

땅은 넓고
복음은 황무했다

—

갑작스럽게 러시아를 방문하게 되었다. 그곳에는 신학교 동기생이요 우리 노회 파송 선교사인 최 목사가 사역하는 곳이다. 현지에서 교회를 건축하다 공정 80% 정도에서 지지부진한 상태로 있는데 가서 현장 상황을 살펴보고 향후 대안을 마련해 보자고 정 목사가 강력하게 요청하여 동행하게 되었다.

사실 그 나라에 대한 아무런 정보 없이 급히 출국하게 되었다. 거기에 지금은 백인계 러시안들이 터를 잡고 있지만, 사실은 우리 선조들이 일찍이 자리를 잡았던 곳이다.

비행기에서 점심 먹고 입국신고서 작성하다 보니 벌써 도착을 알리는 안내 방송이 나온다. 두 시간 남짓한 거리였다. 입국심사대를 빠져 나가니 최 선교사가 제냐와 함께 마중 나와 우리를 맞이해 주었다. 차로 40여 분 가니 목적지에 도착했고 짐 풀고 바로 교회로 가서 기도하고 현장을 두루 살펴보았다.

러시아는 외국인이 입국하면 3일 이내에 거주 등록을 해야 하므로 호텔 1박을 위해 시내로 나갔다. 거리의 표정은 수많은 금발의 미녀들과 그들의 현란한 옷차림 등이 유럽의 어느 거리를 연상케 했고 밝고 활기찬 모습이었다. 한인식당에 가서 우거짓국으로 저녁을 했다. 사택으로 들어와 디스커션을 가졌다. 이 모임은 시간이 지나면서 자연스럽게 열띤 토론이 됐고 새벽 1시 40분까지 이어졌다.

하룻밤을 자고 어제 매듭짓지 못한 대화는 계속되었다. 주로 선교와 목회 전반에 걸친 자유 토론이다. 달리는 차 안에서도 쌓인 이야기는 봇물 터지듯 터져 나왔다. 가다가 야시장에서 훈증 불고기를 먹었는데 맛이 일품이었다. 한국에서 하던 습관대로 등산도 했다.

수요일 아침엔 박물관 견학을 했다. 돌아오는 길에 갑자기 블라디보스토크 신학교에 가고 싶은 마음이 들어 장로교 세미나리로 핸들을 돌렸다. 학교에 가니 마침 학교 관계자들이 방학 중이라 비교적 한가하게 업무 중이었다. 그들과 잠시 환담을 나눈 후 그들이 제공하는 식사를 학교 구내식당에서 접대받았다. 학교 시설이 비교적 좋았고 훌륭했다.

수요기도회가 있는 날이다. 정 목사에게 설교를 부탁하고 나는 기도를 맡았다. 정교회가 오랫동안 자리를 잡고 있는 나라, 광활한 영토를 가진 나라지만 복음화율은 인구 대비 1%에도 못 미친다고 하며 그나마도 복음에 대한 열정이라고는 찾아볼 수조차 없었다. 지하자원이 풍부하고 타고난 훤칠한 외모 또한 그들에게는 장점인데 그것이 그들에게 얼마나 유익하게 작용할지는 그들의 정신 여하에 달려 있을 것이다. 그들에게 복음만 제대로 정착된다면 우수한 민족이 되겠다는 생각을 했다.

블라디보스토크란 명칭은 1860년 러시아 군사기지가 세워지면서

'동방을 다스린다.'는 뜻으로 명명되었다고 한다. 러시아의 극동지방 남쪽 끝에 자리 잡고 있어서 자연스럽게 항구와 해군기지로서 중요한 역할을 맡게 되었다.

1872년 러시아의 태평양 해군기지가 이전한 후 급속도로 발전하기 시작했고 제1차 세계대전 때에는 미국에서 보낸 군수품과 철도 장비를 들여오는 태평양의 주요 항구였다. 1917년 혁명 때 각 혁명 집단의 활동 근거지가 되기도 했고 1918년에는 외국 군대 특히 일본군에게 점령당했다. 미국, 영국, 프랑스, 이탈리아, 체코슬로바키아 군대는 1920년에 철수했으나 일본군은 1922년 10월 25일에 마지막 부대가 철수했다.

블라디보스토크의 공업기반은 공산 혁명이 일어난 뒤 매우 다양해졌다. 대규모 선박수리소 이외에 철도 공작창과 광산 장비를 만드는 공장이 있다. 경공업으로는 기계, 라디오 공장, 목재 가공공장, 도자기 공장, 의약품 공장 등이 있다. 식료품 산업과 조립식 건축 자재 생산도 큰 비중을 차지한다. 철도 도시이며 러시아 연방 극동 지역의 교육과 문화의 중심지로서 극동과학센터와 극동공립대학교·의과대학·예술대학·공과대학·상과대학·선박공학대학을 비롯한 고등 교육 기관들이 있다. 문화 시설로는 음악 협회와 교향악단 및 극단, 지방 역사박물관과 태평양함대 역사박물관 및 수많은 도서관 등이 있다.

목요일엔 교회 건축 공사에 몸으로 봉사키로 한 날이다. 오전 작업마치고 러시아 식당에 가서 점심 먹고 급히 와서 스티로폼을 깔고 나머지 휴식 시간에 한숨 자니 잠이 그렇게 달 수가 없었다. 낯선 나라에 가서 하루 종일 소위 '노가다'를 했다. 인력 봉사를 한 것이다.

그렇지만 최 선교사가 모처럼 한국에서 목사님 두 분이나 오셨으니 저녁집회를 하자는 것이었다. 목요일엔 내가 설교를 맡았다. 예배 후 좋은 말씀 주셔서 감사하다는 인사를 현지 성도들로부터 받았다. 하지만 그들은 아직 아멘이 익숙지 않은 모양이었다.

금요일 아침 극동 태평양 함대사령부에 갔다. 세계대전 시 전투에 참여했던 잠수함을 살펴보았다. 블라디보스토크는 군사적으로 해상 요충지이다. 기념 촬영도 했다. 오다가 책방에 들렀고 점심은 대충 때우고 오후엔 산을 가기로 했다. 차로 서너 시간 달려서 아무도 밟지 않은 듯한 깊은 산을 찾았다. 너무 험하고 삼림이 우거져서 길을 뚫고 갈 수 없었다. 더 가다간 조난당할 것 같았다.

그곳은 아무리 달려도 끝도 없고, 공기가 맑고, 산 냄새가 코를 찌르는 상쾌함이었다. 해안도로를 타고 한참 달리다 보면 산간도로가 나온다. 그렇게 우리는 한없이 드라이브를 했다.

인터넷이 너무 느려서 성질 급한 한국인들로서는 어지간한 인내심이 아니면 할 수가 없었다. 그래도 대충 몇 분에게 안부를 전했다. 특기할 사항은 거기서도 국내에서처럼 똑같이 한국 텔레비전을 시청할 수 있다는게 놀라웠다.

특별히 우리가 거기 거하는 동안 식사를 담당했던 사람은 다름 아닌 바로 최 선교사의 아들이었다. 사모님은 방학 중이라 한국에 계시므로 현재 음대에서 재즈 피아노를 전공하고 있는 21세의 아들이 맡았다. 한국엔 몇 번밖에 오지 못한 러시아통이지만 그 학생은 주방장 역할을 아주 훌륭하게 감당했다. 끼니마다 찌개며 국이며 밥이며 한국 사람 입맛에 맞게 요리하여 상을 올리는 그 아들이 기특했고 성실했고 잘 자라 준 것이 참으로 고마웠다.

또 한 사람은 현지 선교사인 제냐였다. 그는 우리가 거기 도착할 때부터 귀국할 때까지 밀착 보필을 다했다. 그 역시 매우 성실한 하나님의 사람이었다.

마지막으로 한 사람 더 칭찬하자면 최 선교사다. 그는 35여 년 전 한국에서 3급 행정고시 패스하고 발령 대기 중에 하나님의 소명을 느껴 발령을 포기하고 목회자의 길로 들어선 실력파다. 그런 그가 복음을 위하여 오지에 나가 고생하는 걸 보니 오직 사명자만 갈 수 있는 길이란 생각이 들었다.

우리는 거의 매일같이 새벽 2시 가까이 대화를 나눴지만, 끝이 없었다. 그러면서 많은 것을 얻었고 블라디보스토크를 가게 하신 하나님의 섭리를 읽을 수 있었다. 러시아는 사회주의 국가였다. 하지만 그들은 십수 년 전 과감하게 그것을 포기했다. 그러나 아직도 사회주의 잔재는 곳곳에서 느낄 수 있었다.

이번 선교여행은 C국에서처럼 타이트하지 않아 비교적 여유 있게 시간을 보낼 수 있었고 기온도 적절하여 매우 쾌적한 날들이었다. 여기저기서 보이는 한국 제품들도 반가웠다.

한 주간 동안 섬김을 다해 주었던 여러 스태프들에게 감사한 마음을 전하고 토요일 귀국길에 올랐다. 돌아갈 내 집이 있다는 것은 참으로 감사한 일이고 즐거운 일이었다. 한국은 역시 나의 포근한 스위트 홈이요 그리고 우리 교회의 성도들은 모두 다 나의 가족이었다.

Chapter 02

–

그곳은
마게도냐였다

–

감기 기운에서 완전히 자유롭지 못한 상태로 해외 단기 선교여행을 떠나게 되었다. 그깟 감기 정도를 가지고 비실댄다면 되겠나 싶은데 감기가 사람을 축 처지게도 하니 강체질이 아니라면 가볍게만 볼 일은 아닌 것 같다.

공항을 빠져나가니 날씨가 한국보다 조금 더 추운 감이 있다. 바로 숙소로 달려갔는데 숙소나 밖이나 춥기는 마찬가지였다. 겉에서 봐선 멀쩡한 아파트가 어쩌자고 난방을 하지 않았는지 이해가 안 됐지만, 그곳 사람들은 전혀 불편을 모르고 사는 듯했다. 겨울에 추운 건 당연한 거 아니냐고 오히려 우리 보고 가볍게 반문한다. 건축물이 단열재도 쓰지 않고 난방도 안 되어 있고 전기장판 하나로 사는 그들을 보고 대단하단 생각이 들었다. 게다가 전기가 자주 나가서 그냥 냉방 상태로 자는 일도 비일비재하다. 가옥은 그저 겨우 비바람이나 막으면 되는 거 아니냐는 듯한 느낌이었다. 그러나 그들도 요즘 짓는 아파트는 난방을 한다고 한다. 실제로 올림픽을 대비해서 거리마다 단장하고 멋진 아파트가 건설되고 막바지 준비에 분주한 거리 풍경이었다.

취침 시간에 바닥은 전기장판 온도를 올려 뜨거운데 귀가 시리고 코가 시려 온다. 이불을 뒤집어쓰니 답답해서 다시 얼굴만 내밀고 자는데 잠이 잘 안 온다. 게다가 룸메이트가 순식간에 코를 곤다. 신경이 예민한 나는 엎치락뒤치락하며 대충 잤다.

추운 밤을 지내고 아침에 일어나서 그 아파트 이름을 내가 새로 지어 주었다. 바로 '냉파트'라고. 스태프들과 함께 통쾌히 웃었다. 일주일을 어떻게 버티나 하는 생각이 든다. 고 목사가 유격훈련 받으러 온 셈 치자고 해서 그러자고 했다. 겨울이라 샤워는 안 해도 되는데 세수조차도 더운물 얻기가 힘드니 고양이 세수를 해야 했다. 바울이 풍부에 처할 줄도 알고 비천에 처할 줄도 알아 일체의 비결을 배웠다고 했는데 우리 역시 즉시 현지 적응력을 하나님이 주셔서 능히 감당할 수 있었다. 한국 선교 초기 선교사들이 당한 고난을 생각한다면 이까짓 추위로 인한 고통은 명함도 못 내밀 경미한 불편 정도이다. 그런 우리의 선교 역사를 생각하며 우리는 기쁨으로 감수했다.

공식적인 강의 시간은 아침 8시 30분부터 저녁 5시 30분까지이다. 학교에 출근하니 학생들이 낯설었다. 전에 있던 학생들은 졸업하여 사역지로 나갔고 신입생들이 들어와 약간 서먹서먹하기도 했다. 그러나 강의 중간중간 학생들 노래도 시키고 발표도 시키면 강의실은 금방 활기가 돈다. 사회주의 국가 학생들이라도 환호하고 소리 지르는 생기발랄한 면은 우리 한국 아이들과 다를 바가 없었다. 나는 옥중서신을 강의했고 고 교수는 기독교 교육사를 강의했다.

그 뜨거운 사도행전적 선지 학교에도 사탄의 훼방은 있었다. 일부 학생들이 선동하여 꽤 많은 수가 이탈하는 시련이 있었다고 한다. 그래서 학생 수가 현격히 줄어 있는 상태였다. 입학시험에 탈락한 학생들을 다음 학기에 재선발할 계획이라 한다. 강의실도 난방은 전혀 안 돼 있다. 더러 보온 물주머니를 소지한 학생들이 눈에 띄었고 필기를 위해 손가락 끝을 자른 장갑을 착용한 학생들도 눈에 띄었다. 그래도 여러 학생들 체온 때문에 생각보다는 견딜 만했다. 한국은 참으로 축복받은 나라다. 경제나 교육이나 문화나 복지나 거의 선진국 수준이다. 한참 떠오르는 그런 나라들인데도 우리하고 비교하면 여기는 천국이다. 그 나라에 비한다면 우리나라는 손바닥만 한데 오히려 우리가 대륙을 지원하고 선교하는 복을 받았다. 주는 것이 받는 것보다 복이 있다고 했으니 할 수만 있으면 많이 줄 수 있는 더 큰 그릇이 되어야겠다.

우리가 가기 전 주간엔 한국에서 교수 파송에 차질이 생겨 아무도 가지를 못해 성경 통독 주간으로 보냈다고 한다. 그래서 전교생이 일주일 동안 창세기부터 디모데 후서까지 읽었다고 한다. 그들은 한국을 쳐다보고 있다. 우리에게 손짓하고 있다. 마게도냐 사람들이 바울에게 손짓하듯 그들은 우리에게 손짓하고 있다. 어마어마하게 큰 덩치의 나라가 작은 반도의 나라 한국 교회에 구원요청을 하고 있다. 선교는 '가든지 보내든지 해라.'라고 한다. 물질로, 기도로 그들을 도와야 한다. 심은 대로 거두게 되는 원리를 안다면 어찌 못들은 체할 수 있겠는가. 나는 몸이라도 가련다. 가르치는 은사를 주셨으니 그 은사를 그들을 위해서도 써야겠다.

또한 이번 선교여행엔 고 교수가 추천한 송 전도사가 동행했는데, 우리는 파란만장한 인생을 드라마틱하게 승리로 이끈 그녀의 간증을 매일 밤 11시까지 들으며 많은 은혜도 받고 현재의 형편에 더욱 감사하는 마음을 갖게 되었다.

Chapter 03
–
거기도
마게도냐였다
–

선교여행은 언제나 감사와 감동과 은혜와 기쁨이 넘친다. 필리핀을 대여섯 번 갔던 것 같은데 항상 1월에 갔었고 요번처럼 한여름에 가기는 처음이었다. 열대지방의 폭염을 단단히 각오하고 마닐라 공항을 빠져나갔는데 마침 거기가 우기라 그다지 덥지 않아 안심이 됐다. 임 목사 내외와 김용훈 목사 내외가 마중 나와 반가이 맞아 주어 감사했다.

제1 목적지인 태권도신학교로 갔다. 30여 명의 학생들이 태권도와 신학 수업을 동시에 받고 있다. 그곳은 한국 국기원 소속으로, 태권도를 무기로 이슬람교도를 선교할 정예 요원이 양성된다고 했다. 학생들은 전원 기숙사 생활을 하며 새벽기도부터 취침까지 수도원 같은 훈련을 받고 있었다. 각종 무술 유단자인 A목사의 호신술 수업은 학생들의 뜨거운 호응을 받았다. 그리고 채플에서는 정 목사가 강력한 메시지를 전하여 은혜를 끼쳤다. 임 선교사는 태권도 공인 5단으로 우리 교단에서 파송을 받았으며 그는 현지에 초등학교와 대학을 설립 중이며, 현재는 8개 처의 교회를 세워 돌보며 신학교와 빈민촌 급식 사역을 병행하고 있다. 막간을 이용하여 그 동네 빈민촌을 둘러보았다. 원시적인 그들의 삶을 보니 우리가 얼마나 축복받은 민족인가 하는 것을 느낄 수가 있었다.

제2 목적지는 김용훈 선교사가 사역하는 주일학교 현장이었다. 그는 우리 교회 파송 선교사로 현재는 주일학교만 하고 있는데 세 분의 선교사가 팀 사역을 하고 있고 아이들 숫자는 4개 지역을 합하면 약 1,000여 명 이상의 대가족이다. 내가 설교하고 윤애선 선교사가 통역했다. 윤 선교사는 홍익대학교 영어교육 석사 졸업자로 유창한 통역 실력을 갖고 있었다.

수요일엔 제3 목적지인 앙겔레스로 갔다. 김 아브라함 선교사가 사역하고 있는 Garden Bible Church에서 수요 예배 설교를 맡았기 때문이었다. 이번에 배동교회에서 그 교회에 에어컨을 설치해 주어서 온 교우들이 기뻐하며 시원하게 예배를 드렸다. 내가 설교하고 타갈로그어 통역은 현지인 알라나 선교사가 했다.

제4 목적지는 바기오 지역이었다. 거기는 정 목사의 아들이 외국어대학 프로그램으로 영어 연수를 받고 있어서 잠깐 면회를 했고 학교 후배 목사를 만나서 저녁을 하며 하나님 나라 건설에 관련한 환담을 나눴다. 그리고 그의 왕성한 선교 현장을 대략 둘러보았다. 그는 열정을 가지고 초등학교, 고등학교, 대학교 등을 설립하여 운영하고 있으며 교회도 38개나 세웠다고 했다. 대단한 선교였다.

앙겔레스에서 바기오까지 버스로 편도 일곱 시간 정도 걸렸다. 차창 밖으로 펼쳐지는 산악지대에 조성된 바기오의 아름다운 풍경은 한 폭의 그림이었다. 바기오 방문을 끝으로 공식적인 사역은 마무리하고 금요일 저녁 숙소로 돌아왔다.

토요일 일찍 기상하여 귀국길에 올랐다. 그간 우리를 따듯하게 접대해 주고 시중들어 준 여러 손길들을 축복하며 선교여행을 마무리했다. 예상외로 날씨가 견딜 만해서 좋았고 하나님의 인도하심을 따라 유익한 선교여행을 했다. 방문하는 곳마다 환영하며 기뻐하며 힘을 얻는 현지 교회 목회자들과 성도들을 보면 한국 교회의 힘이 얼마나 큰가 하는 것을 실감할 수 있었다.

한국 교회는 이제 주는 교회로 자라났다. 우리를 향하여 손짓하는 수많은 제2, 제3의 마게도냐 사람들을 결코 외면할 수 없음을 우리는 모두 인식하여야 한다. 받은 은혜를 나누는 성숙한 그리스도인의 삶을 다시 한 번 다짐했다. 거리를 지날 때마다 달라붙는 걸인들 그리고 선교지에서 나눠주는 생필품, 쌀, 볼펜 등을 하나라도 더 받기 위해 몸부림치는 그들을 보며 한국 교회의 세계 선교적 사명은 실로 중차대함을 느끼지 않을 수 없었다.

오늘도 우리나라를 축복하신 주님을 찬양하며 이 모든 영광 돌려드린다.

필리핀
단기 선교 이야기

우리 교회는 1997년 필리핀 Garden Bible Church와 자매결연을 맺은 바 있다. 당시 양국 교회는 신앙, 문화, 학술 등 제반 분야에 걸쳐 상호협력, 왕래 교류하기로 조인하고 연 1회 이상 상호 방문하는 유익한 프로그램을 갖기로 했는데, 한국 경제가 IMF 관리 체제로 돌입하면서 중단된 것이 이번에서야 그 물꼬를 살짝 트게 되었다.

화요일 밤, 비행기를 타고 가는데 취침 시간이라서 인지 매우 피곤한 가운데 4시간여 만에 필리핀 클락 공항에 착륙했다. 밤이라 생각보다는 날씨가 그다지 덥지는 않았지만 역시 열대지방의 열기는 있었다.

바로 호텔로 가서 잠깐 눈 붙이고 수요일 일정을 시작했다. 우선 가까이에 있는 미모사로 향했다. 미모사는 필리핀 북부 지방의 유명 골프장이 있는 곳이다. 미국의 공군기지가 있었던 곳으로 잘 알려진 수빅만의 클락은 1994년 필리핀에 반환되어 이제는 여의도의 4~5배에 달하는 경제특구가 되었다.

그 안에는 3개의 국영 카지노, 골프장, 워터 테마파크 등 각종 위락 시설이 들어서 있다. 미모사 골프장은 필리핀 골프장 중에서 한국 골퍼들에게 인지도가 가장 높은 곳으로 지난 1998년에 '조지프 에스트라다' 필리핀 대통령이 '타이거 우즈'와 라운드를 했던 곳으로도 유명하다. 주변은 산과 호수가 잘 조화돼 뛰어난 경치를 자랑하며 엄격한 회원제의 골프장답게 조경과 페어웨이 관리도 잘돼 있다. 코스를 따라 5천 그루의 나무가 늘어서 있고 수많은 야생 동물이 서식하고 있다. 때문에 홀마다 아름드리 열대나무와 야자수 정원수, 활짝 핀 야생화 등이 어우러져 골퍼들의 마음을 유혹하고 있다.

오후엔 호텔 내 매우 운치 있게 자리하고 있는 수영장에서 우리는 수영을 하고 저녁 집회에 갔다. 전보다 교회는 많이 부흥한 듯하였고 이번 집회를 교회 행사의 중요한 이벤트로 준비한 모양이었다.

그들의 찬양은 아주 역동적이고 뜨거웠다. 춤을 추듯 뛰며 찬양한다. 싱어, 신디, 베이스, 재즈, 드럼 등 관계자들의 솜씨가 탁월했다. 매우 부족한 영어 실력이지만 내가 메신저로 섰고 알라나가 타갈로그어로 통역을 했다.

설교 후 우리 교회에서 기증한 연력과 배동교회에서 기증한 라면을 나눠줬고 바로 경품권 추첨을 했다. 그 열기 또한 대단했다. 달력 한 장, 라면 한 봉 받아 들고 좋아하는 그들을 보니 우리나라의 어려웠던 시절이 연상됐다.

1960년대 필리핀의 경제 협력을 얻기 위해 박정희 대통령이 필리핀을 국빈 방문했다. 당시 마르코스 대통령은 후진국 대통령이 왔다고 자기가 안 나오고 외무장관을 보내 영접하게 했고 우리 대통령이 묵은 호텔도 2류 호텔로 정해 주었다고 한다.

교민들이 흥분하여 박 대통령의 숙소로 찾아가 "이런 모욕이 어디 있느냐?"라고 울먹였을 때 박 대통령은 "이것은 모욕이 아닙니다. 대한민국 국민들은 지금 경제난에 시달려 대통령인 나만 쳐다보고 있는데 국민들이 배불리 먹고 따듯하게 살 수만 있다면 경제 협력을 해 주려는 나라 대통령 앞에는 무릎이라도 꿇을 수 있습니다."라고 대답했다는 것이다.

TV로 방영되었던 이 말을 기억하는 필리핀 국민들은 "우리 필리핀에도 한국의 박정희 같은 국민을 사랑할 줄 아는 대통령이 있었다면 얼마나 잘살게 되었겠는가?"라고 말했다는 것이다. 당시 한국의 경제 수준은 세계 120개국 중 119위였는데 지금은 세계 10위의 경제 대국으로 성장했으니 실로 대한민국은 엄청난 하나님의 복을 받은 나라이다.

목요일엔 수빅을 가는 길에 김 선교사가 준비하고 있는 선교 농장에 들러 그의 선교 프로젝트에 관련한 브리핑을 듣고 현장에서 함께 기도하고 하산하여 곧장 수빅으로 향했다. 수빅은 한때 미 해군의 해외 최대 기지였던 곳이다. 차지하고 있는 지역이 무려 600평방km, 기지만 70평방km에 달한다. 이 기지가 필리핀에 반환된 뒤 일반인에게 공개되고 리조트로 다시 조성되고 있다. 지금도 이곳은 미군 시설로 이용되었던 사무실과 창고, 장교나 사병을 위한 숙박 시설과 주택 또 대형 점보기도 이착륙이 가능한 공항 등이 남아 있다. 리조트에 필수적인 스포츠 시설은 계속 보강하고 있어 수상 스포츠를 즐길 수 있는 최적의 경관을 자랑하고 있다. 한인 식당에서 점심을 먹었다. 저녁 집회 관계로 시간이 없어서 수빅 해변 수영은 생략하고 차로 대략 둘러보고 되돌아올 수밖에 없었다.

목요일 집회는 정 목사가 강사로 나섰다. 그는 강력한 카리스마와 풍부한 지식과 뜨거운 영성의 목회자요 또한 항상 나서지 않고 내실 있게 목회를 잘하는 훌륭한 목회자다. 이번 필리핀 단기 선교여행에도 그는 물심양면으로 힘을 썼으니 주의 상급이 있기를 기원한다.

아쉬운 점은 집회에 참가한 회중의 과반수는 주일학교 아이들이라 시끄럽고 말씀을 받는데 다소 어수선하기도 했지만 그래도 전파되는 건 그리스도요 영의 역사는 잠재되어 일어나리라는 믿음에 확신한다.

2부 경품권 추첨 행사는 어제와 마찬가지였지만, 그 열기는 여전히 뜨거웠고 1등에 당첨되어 쌀 25kg 한 포대 받은 한 교우가 연신 'Very Happy!'를 연발하는 걸 보고 우리는 우리 자신을 돌아보았다. 저들은 쌀 한 포대에도 저렇게 행복해 하는데 우리는 기름진 얼굴과 넘치는 뱃살로 고민하고 있으니 이걸 '내 잔이 넘치나이다.' 해야 하는 건지 아니면 그들한테 미안해야 하는 건지 좀 혼란스럽기도 했다.

금요일엔 박물관 견학 후 SM백화점에 잠시 들렀다가 바로 팜팜가 국립 농과대학에 갔다. 대학에서 농학을 전공한 나나 김 선교사 그리고 약초 연구에 달인인 정 목사. 우리는 모두 약초에 대한 흥미를 가지고 방문했다. 마침 담당 교수가 현장에서 상세한 설명으로 우리를 환대해주어 감사했고 종합대학으로 승격한 대학을 배경으로 그 대학교수와 함께 기념 촬영도 했다.

숙소로 돌아와 필리핀에서 마지막 수영을 하고 정 목사가 주요 스태프들에게 저녁을 대접하기로 하여 한식집에 가서 만찬을 했다. 놀라운 건 필리핀 사람들이 상추에 마늘 넣고 고추장 발라 삼겹살 먹는 실력이 우리와 비교할 수 없이 우수했다. 저녁을 끝으로 필리핀에서의 공식적인 일정을 마치고 토요일 밤 1시 20분 필리핀 클락공항을 이륙하여 새벽 6시 인천공항에 착륙했다.

이번 필리핀 선교여행은 휴식을 겸한 일정으로 부담 없이 편히 지내다 왔고 딸 정미가 동행하여 집회에 참석하고 시종 촬영도 담당하고 꼬박 우리 일정과 함께한 일이 의미 있고 나름대로 유익하게 작용하리라 생각이 되었다.

필리핀 김 폴 선교사의 사역지를 둘러보고 느낀 점 하나는 물론 국내에서 선교비 지원이 잘 안돼서 그렇겠지만, 선교사가 선교에 전념하지 못하고 여러 가지 '잡'을 갖게 된 것이 안타깝기도 했고 아쉽기도 한 부분이었다. 그리고 마닐라 쪽 리잘 카인타에서 사역하는 김용훈 선교사가 금요일 바이블 스터디를 주재하는데 와서 말씀을 전해 달라는 요청을 받았지만, 일정과 교통편 등이 여의치 않아 가지 못함이 매우 미안하게 되었다.

해외 선교여행 때마다 기도와 물질로 섬김을 다하는 귀한 손길들에 감사한 마음을 가지며 이것은 선교 헌금으로 처리하고 선지자의 상이 임할 것으로 축복했다. 이는 마치 바울이 에바브로디도 편에 보내 준 빌립보교회 교인들의 헌금에 대해 감사하고 축복하고 감사하는 바울의 심정을 갖게 한 것이다. 토요일 새벽 무사히 귀국한 우리 일행은 인천공항에서 타원형으로 모여 감사기도를 올린 후 해산했다.

Chapter 05

—

그래도
기쁘고 감사했다

—

근 2년여 만에 북방 지역 신학교 강의를 가게 됐다. 연말이라 좀 처리할 일들이 있어서 마음이 바쁘지만, 차일피일 미루다 더 이상은 안 될 것 같아 실행에 옮겼다. 공항에 내리니 청사가 넓어졌고 깨끗해졌다. 올림픽 때문이란다. 거리도 한결 깨끗해졌고 기온도 한국과 크게 다르지 않아 상쾌한 마음이었다. 시간이 좀 있으니 시장 들러 점심 먹고 가자고 해서 시원하게 냉면을 먹었다.

전엔 현지인 선교사 집이 교수 숙소여서 숙식에 큰 불편을 몰랐는데 이번에는 그 집에 문제가 생겨서 할 수 없이 학교 안에서 숙식을 해결했다. 한족 학생들이 해 주는 식사이다 보니 오리지널 한족식이었다. 그들은 아무 맛이 없는 호빵같이 생긴 흰빵과 감자볶음 같은 향신료 넣고 볶은 것 한두 가지를 반찬으로 먹는다. 우리 입맛과는 좀 거리가 있었다.

건물 전체가 난방이 없으므로 건물 안이나 밖이나 춥기는 마찬가지였다. 여기서 어떻게 또 한 주간을 버티나 하는 생각에 따분함이 밀려

온다. 주의 일이 아니라면 누가 이 고생을 한단 말인가. 일단 추우니까 몸이 자꾸 움츠러들었다. 방 안엔 1인용 전기장판과 선풍기같이 생긴 전기스토브 하나가 난방의 전부였다.

하룻밤을 자고 나더니 고 교수가 음식도 안 맞고 생활환경이 바뀐 탓인지 바로 탈이 났다. 그래서 강의와 설교 시간이 모두 바뀌게 됐다. 따져 보니 각자 총 20시간 정도 강의를 하고 온 셈이었다.

학생들은 대개 스무 살 안팎의 청년들인데 새벽 5시 기상 벨이 울리면 일어나서 새벽기도로 일과가 시작된다. 하루 종일 강의 듣고, 저녁에도 또 성경 읽고, 기도하고, 공식적인 단체 일과는 저녁 8시에 끝난다. 그러니까 하루 15시간은 학교 스케줄대로 움직이는 것이다. 졸업할 때까지 그렇게 한다. 훈련이 돼서인지 학생들은 추위나 식사에 대한 불편을 크게 느끼는 것 같지 않았다. 그러나 우리한테는 식사가 약간 맞지 않았고 화장실을 칸막이를 안 하고 사용하는 것과 난방이 안 된 것이 무엇보다도 아주 힘든 부분이었다.

그래도 강의실의 향학 열기는 뜨겁다. 단 한 말씀도 놓칠세라 눈을 부릅뜨고 집중한다. 이번에 난 기독교 사회복지학을 강의했다. 수요일 오전 2교시 수업에 들어가니 학생들이 기타를 갖다 주며 나보고 노래를 한 곡 하란다. 기타 쳐 본지는 오래됐지만 학생들을 격려하는 마음으로 순종했다. 학생들이 환호한다. 그 분위기를 이끌어 학생들 각자 자기소개와 노래를 시켰다. 남 앞에 서는 것도 다 지도자가 거쳐야 할 훈련이니까 수업의 연장으로 모두 피할 수 없게 했다. 얼핏 봐서는 북한의 학생들 비슷한 느낌인데 자기소개하고 노래하는 걸 보니 한국 학생들과 크게 다르지 않았다. 좀 개그스럽고 열창하는 모습이 뛰어난 아이들도 여럿 있었다. 한국 CCM 찬양도 그들에게는 낯설지 않게 불리고 있었다. 모두 즐거운 시간이었다. 사회주의 국가의 학생들이라 좀 경직되고 우리 아이들처럼 자유분방함이 없을 것 같지만, 전혀 그렇지 않았다. 그들도 잘 놀고 발랄하고 연애도 하고 복음 전도자가 되기 위한 뜨거운 사명감에 불타는 기독 청년들이었다.

내 강의는 목요일 정오에 모두 끝냈다. 평가를 위한 시험 문제만 출제해 주고 사실상의 임무를 마쳤다. 언제 한 주간을 보내나 했지만, 학생들도 아쉬워하고 나도 금세 시간이 지나갔다. 밤에는 학교와 학생들의 진로에 대하여 관계자들과 긴 환담을 나눴다. 우리는 보안상의 문제가 있어서 단 한 번도 학교 건물 밖을 나오지 않았고 금요일 귀국하는 날에야 세상 구경을 했다. 모든 것이 불편하고 힘들었지만 그래도 우리는 기쁘고 감사했다. 순도 100%의 단기 선교였다. 우리는 복음을 받은 자였지만 이제는 전하는 자로 대륙에 상륙한 것이다. 그 나라는 지도상으로 봐도 엄청나게 큰 국가로 닭 모양을 하고 있다. 그런데 그 닭의 입이 한반도를 향하고 있다. 그러니까 그 나라는 아무리 땅덩어리가 커도 한국에서 먹이를 물어다 사는 것 같았다. 물질적으로나 영적으로 모두 그랬다. 모든 것에서 한국을 벤치마킹하고 있었다.

집에 오니 환경으로 말하면 여기는 천국이다. 여러 나라를 갈 때마다 느끼는 것이지만 한국은 참 복을 많이 받은 나라다. 정말 감사해야 하고 하나님 뜻대로 살아야 할 민족이다.

다음은 학생들이 보내온 편지이고 이름은 모두 가명이다.

한 주간 고생 많았습니다. 다음 주에는 성탄절인데요. 성탄의 기쁨과 의미가 사장님이 섬기는 가정과 회사에 충만하기를 바랍니다. 우리 직원들 가운데 특정된 사람의 글을 올립니다. 대부분은 내용이 비슷합니다. 잘 읽어 주시고요. 잊지 마세요.

최 국장

황 선생님에게 드리는 글

예수 그리스도 안에서 만나게 되어 반가워요. 선생님을 통해 많은 귀한 지식을 배우게 되어 너무 감사해요. 바쁜 와중에도 시간을 내어 우리를 찾아 주시고 예수님의 사랑을 느끼게 되어 만족감을 얻게 되었어요. 매일 아침 새벽기도를 통해 말씀에 많은 은혜를 받았습니다. 특별히 기도, 찬양에 대해 더욱 중시하게 되었어요. 하나님 사역에 대한 열심과 열정, 피곤과 어려움을 뚫고 주를 향한 헌신을 보게 되어 미래 목회자가 될 저의 자화상을 보는 것 같아요. 하는 사역도 많으시고 다양한 사역을 통해 이 시대의 빛과 소금이 되는 것이 너무 중요한 것 같아요. 사회복지에 관한 올바른 관념을 갖게 되었어요. 이 시대 교회가 정말 세상 속에서 사회 복지를 통한 빛과 소금 역할이 너무 귀한 것임을 알게 되었어요. 감사합니다. 하시는 목회 사역 주 안에서 교회가 더욱 성장하기를 기도해요. 영력, 체력, 재력, 물력에 축복이 넘치기를 기도합니다. 감사합니다.

학생: 동동

사랑하는 황 선생님

안녕하세요? 선생님을 알게 되어 너무 행복하고 기쁩니다. 사랑합니다. 강의를 통해 많은 은혜를 받았습니다. 선생님은 보기에 너무너무 친절하고 인자하십니다. 선생님의 겉모습을 보면 그렇게 재능이 많으신 분 같지 않습니다.

할 말이 많지만 어디서부터 시작해야 할지 모르겠어요. 우리는 예수 안에서 한 가족 됨을 하나님께 감사합니다. 선생님의 강의는 너무 재미있어 듣고, 듣고, 또 듣고 싶습니다. 때론 다른 강사가 강의할 때 한 시간이 너무 지루한 것 같은데 선생님의 강의는 두 시간도 어느새 너무 빨리 지나가네요! 다른 친구들도 동일한 마음일 겁니다. 성령의 능력이 선생님에게 늘 충만하기를 기도합니다. 우리 회사 자주 방문해 주세요. 열렬히 환영합니다.

학생: 우레

존경하는 선생님

주 안에서의 만남을 진심으로 하나님께 감사! 주님 때문에 우리를 사랑하셔서 우리에게 좋은 말씀을 주심을 진심으로 감사드립니다. 선생님의 헌신이 아버지께 열납 되기를 축복하며 기도합니다. 날씨도 춥고 환경도 안 좋은데 한 주간 너무 수고하셨습니다. 이번 강의 내용은 처음으로 들어본 내용입니다. 비록 짧은 시간 만났다가 헤어졌지만, 우리의 마음은 영원히 주 안에서 하나입니다. 하나님의 축복과 은혜가 선생님의 발길이 닿는 곳에 늘 충만하기를 바랍니다. 주님 오실 때까지 하나님의 기뻐하심을 입는 종이 되기를 바랍니다. 선생님이 섬기는 회사와 가정이 늘 건강하고 부흥하기를 바랍니다.

학생: 천천

존경하는 황 선생님

주 안에서 한 가족 됨을 감사!

이 한 주간 선생님이 나에게 준 인상 너무 좋았습니다. 비록 짧은 시간이었지만 강의를 통하여 생활의 기쁨과 취미를 회복할 수 있게 돼서 감사드립니다. 선생님의 체격은 참 보기 좋아요. 너무 날씬하지도 않고 뚱뚱하지도 않고 딱 좋습니다. 저는 선생님을 너무 좋아합니다. 선생님을 주 안에서 사랑합니다. 저는 선생님을 아주 흠모합니다. 선생님 너무 행복합니다. 선생님의 뒷바라지를 잘해 주시는 사모님이 계셔서 감사합니다. 사모님, 감사합니다. 보내 주신 천연 세숫비누 잘 쓰겠습니다. 비누로 세수할 때마다 가정과 회사를 위해 기도하겠습니다.

학생: 류쑈

—

Chapter 06

30여 년 만에
제자를 만났다

—

1980년 나는 안양에서 중·고등학생을 중심으로 '미스바예술선교단'이란 단체를 이끌었다. 주로 음악 선교를 했지만, 미술과 연극도 했다. 물론 그쪽 분야의 전문 교사들이 봉사를 해줘서 가능했고 나는 대표자일 뿐이었다. 100여 명의 단원이 열심히 연습하여 당시 A대학교 강당에서 공연도 했다.

그때 나를 열성적으로 보필했던 아이들이 있었다. 물론 지금은 다 성인이 돼서 어디서 뭘 하고 사는지 대부분 연락이 안 된다. 가끔 생각이 나기도 한다. 유일하게 몇 년 전까지 연락이 닿았던 사람은 당시 총무였던 김○○ 군이다. 아니, '군'이 아니고 지금 어느 대학 교수라고 한다.

그 녀석 때문에 D교회를 알게 되어 그 교회에 등록을 하고 다녔다. 신학교 1학년 때라 주일학교든 중·고등부든 어디서라도 봉사를 해야 했는데 중·고등부 교사로 임명을 받았다. 중·고등부 교사가 나 말고도 10여 명 됐다. 교사들은 대개가 대학생들이었는데 모두 열심이었다. ○○여고 교사도 한 분 있었는데 참 가깝게 지내 그분 소식이 지금 무척 궁금하기도 하다.

며칠 전 정자동 산성교회 최 목사가 전화를 했다. 그의 목소리는 기도를 많이 해서 그런가? 늘 가라앉아 언제나 베이스이고 근엄해서 무게가 있어 보인다. 나하고는 정반대인 거 같다.

최 목사	"황 목사님, 안녕하세요?"
나	"아이고, 최 목사님이 어쩐 일이세요?"
최 목사	"황 목사님, 안양에서 ○○교회 다닌 적 있습니까?"
나	"예. 그런데요?"
최 목사	"우아, 맞군요. 황 목사님 정말 훌륭하십니다. 황 목사님을 그때부터 지금까지 존경하고 늘 뵙고 싶었다는 사람이 있습니다. 세상에!"
나	"네? 그게 누구예요? 내가 뭐 그럴 만한 위인은 못 되는데…."
최 목사	"황 목사님이 그 교회에서 교사로 봉사하시다가 슬그머니 안 보이셨는데, 그 후 많은 세월이 지나고 보니 황 목사님이 신문에 계속 나오더라는 것입니다. 사진도 맞고, 이름도 맞고, 그래서 그때부터 지금까지 황 목사님 글이 나올 때마다 반가움으로 모조리 읽는답니다."
나	"아니 근데 그게 누구란 말이죠?"
최 목사	"신태순이라고, 기억나십니까?"
나	"아, 네. 이름은 뚜렷한데 인상착의는 그려지지 않는데요. 근 30여 년이 다 됐으니까요."

최 목사	"우아, 목사님, 정말 반갑습니다. 제가 곧 연결해 드리겠습니다. 그분이 학교 마치고 우리 교단 목회자하고 결혼하여 사모님이 됐고요. 내외가 아주 성실합니다. 캄보디아 선교사로 나가 있는데 요번에 우리 교회 파송 선교사로 나가게 되어서 잠시 귀국해 있습니다."
나	"아, 그러세요? 반갑고 감사하네요. 그럼 당장 만나게 해 주시죠?"
최 목사	"아, 그분이 잠깐 동유럽에 가셨습니다. 2주 후 귀국하실 겁니다. 하여튼 지금까지도 그 사모님이 황 목사님을 존경하는 걸 보니 황 목사님이 그때 어떻게 사역을 하셨는지가 짐작이 됩니다. 목사님, 정말 훌륭하십니다."
나	"이런 젠장. 그런 소리 마세요. 내가 훌륭하긴 무슨. 잘 아시면서… 내가 어디 목회자 같습니까? 건달뱅이 비슷하지… 하하하."
최 목사	"하여튼 확인됐으니까 조만간 제가 만나게 해 드리겠습니다."

이렇게 수십 년이 지나서 또 만나게 될 줄이야. 그래서 죄짓고는 못 사는 것이다.

전화를 끊고 생각해 보니 어렴풋이 그의 얼굴이 생각나는 듯 마는 듯한데 학생 시절도 지나고 처녀 시절도 지나고 이제 선교사가 된 차제에 그의 얼굴을 알아볼 수 있을지는 모르겠지만 어쨌든 반가운 소식이었다. 제자가 잘 커서 선교사가 되었으니 나에게는 기쁨이다.

안양에서 그 교회 시절은 참으로 아름다운 추억이다. 아이들하고도 무진장 친했고 교사들끼리도 잘 어울렸다. 당시 교사들 하고 찍은 사진이 유일하게 한 장 있어서 뒤져 봤다. 역시 사진밖에 추억거리가 없는데 당시는 사진조차도 그렇게 찍어 두질 못했다.

그 교회 떠나고 몇 년 뒤 우연히 버스 안에서 또 한 제자를 만났다.

"저… 선생님, 안녕하세요?"

"누구예요?"

"저, 아무개예요."

"응, 그렇구나. 이렇게 아가씨가 됐고 대학생이 됐으니 어디 알아 보겠냐? 근데 어디 학교 다니니?"

"네, 저 E대 다녀요"

"좋은 대학에 들어갔구나. 열심히 공부해서 훌륭한 사람이 되어라."

고등학교 땐 새침데기로 말도 잘 않더니 제법 인사도 하고 기특해 보였다. 사람을 가르치는 보람이 이런 때도 있겠다는 생각을 했다.

인터넷 서핑을 하다가 그 신태순과 그의 남편 김태권 목사에 대한 정보를 알게 되어 즉시 연결이 됐다. 동영상을 보니 고등학교 때 모습이 남긴 했으나 그때와는 전혀 다른 어른으로서의 모습이었다. 내가 기억하기는 교복 입은 앳된 아이였는데 동영상엔 기술대학교 강의실 학생들 앞에 서 있는 선교사였다.

일단 그녀는 해외 출장 중이라 부군을 먼저 만났다. 대학 후배로 지금 캄보디아 선교사로 나가 아주 열심히 사역을 하고 있었다. 그가 가지고 온 노트북으로 선교 보고를 모두 살펴봤다.

초면이지만 만나서 선교에 관련된 많은 이야기를 나눴다. 향후 우리 교회도 캄보디아 선교에 기도와 관심을 갖기로 했다. 신 선교사 귀국하면 시간 봐서 한 번 들르라고 했다. 남편을 보니 부인을 본 것이기는 하나 그래도 신 선교사 얼굴이 보고 싶다. 근 한 세대가 지나서 만나는 선생과 제자의 상봉이 기대가 됐다.

그러다 며칠 후 진짜 그녀를 만나게 됐다. 그가 유럽에서 돌아오자마자 나한테 전화를 했다. 매우 반가웠다. 남편이 한국 가면 황 목사님한테 바로 전화 드리라고 했단다. 그들과의 만남이 속전속결로 이루어진 것은 인터넷 덕이다. 만나고 보니 기억은 타임머신 타고 그때로 가 대체적으로 기억이 되살아나 수다가 됐다. 부족한 사람을 스승으로 기억하여 잊지 않고 찾아 준 것이 나로서는 감사하고 반갑고 더욱이 그가 서울 노회 소속 김태권 선교사의 부인으로 한 교단 안에 멤버가 된 것도 더 반가운 일이었다.

선교 동영상과 그의 선교 보고를 듣고 그들이 다양한 선교 프로젝트로 끓는 가슴을 가진 신실한 선교사들임을 알 수 있었다.

다음은 그들이 하는 사역을 정리한 것이다.

1. 교회 사역: '모세의 집'이라는 이름으로 시행되는 교회 사역이다.
2. 복지 사역: 불우 청소년 20여 명의 후견인 내지는 부모 역할을 하는 공동체 생활이다.
3. 티칭 사역
   ① 국방부 장교들에게 한국어, 영어, 컴퓨터를 가르친다.
   ② 한 국립 대학에서 한국어를 가르친다.
4. 스포츠 사역: 축구 및 태권도를 비롯한 체육 선교 사역이다.

5. 교정 사역: 교도소 재소자들에게 강연으로 교화를 이루는 사역
   이다.

6. 학교 사역: 캄보디아를 영적으로 이끌어갈 차세대 지도자 육성을
   위한 중·고등학교를 세우기 위해 구체적인 방법을 세웠다.

Chapter 07

—

캄보디아 국방부
한국 방문단 우리 교회 다녀가다

—

청년 시절 한 교회에서 교사와 학생 사이로 만난 신태순을 최근 다시 만나 사제의 정을 나누니 반갑고 감사하다. 오래된 얘기라 기억도 가물가물하지만 그때 학생이 100여 명 정도 되었던 것 같고 중·고등부 시스템은 일반 중·고등학교와 거의 비슷한 체제였다. 그래서 그때 학생들이 교회 교사나 학교 교사나 모두 스승으로 존경했던 것이 아닐까 생각된다. 당시 함께 일했던 부근 고등학교 교사가 학교 시스템을 교회에 도입하여 심지어는 중간고사, 기말고사도 치렀다. 하지만 학생들은 부담스러워 하지 않고 모두 열심히 성경을 공부했다.

몇 주 전 캄보디아 신태순의 부군 김태권 선교사한테서 메일이 왔다. 캄보디아 국방부 장교들 10여 명을 인솔하여 한국 방문길에 나선다는 것이다. 경비의 상당액은 한국의 교회들이 도움을 줘서 작년에 이어 올해에도 이 행사를 진행하게 됐다는 것이다.

바쁜 일정과 관계된 여러 교회를 방문해야 하므로 우리 교회에 오리라고는 기대 밖이었지만 신 선교사가 국군 장교들을 대동하여 평일에 찾아뵙고 인사드리겠다고 전화가 왔다. 그래서 그럼 와서 식사나 같이 하자고 했다. 그런데 밥만 먹고 헤어지는 것은 의미가 좀 약하다는 생각이 들었다. 그래서 우리 교회가 매주 월요일 날 모이는 기도회를 요번 주만 목요일로 옮겨서 그분들과 함께 예배드리면 좋겠다는 생각이 들어 급하게 일정을 짰다.

드디어 10월 11일 오후 6시 캄보디아 국방부 한국 방문단 장교들이 우리 교회에 왔다. 우리나라 군복과는 색깔과 모자 모양이 약간 다른 듯했지만 거의 비슷했다. 그래도 번쩍번쩍한 별을 단 장성급 장교와 여군 장교를 포함한 대부분은 영관급 장교들이었다. 비교적 한국 음식을 잘 먹는데 한 분이 약간 입맛에 안 맞는 듯했다.

식사 후 교회로 이동하여 우리 교회에서의 순서를 진행했다. 그들 일동은 찬송가 '예수 사랑하심은'을 캄보디아어와 한국어로 찬양했고 군인 가족 한 분이 한국어로 인사말을 했다. 인솔자인 준장이 대표로 우리 교회에 선물을 증정해 줬다. 설교는 내가 한국어로 했고 김태권 선교사가 캄보디아어로 통역했다. 예배 후 기념 촬영을 하고 어린이집 교실로 이동하여 교제의 시간을 가졌다. 준장과 나는 다음과 같은 얘기를 주고받았다. "한국에 오니 어디를 가나 환대해 줘 매우 감사하다. 그 이유가 어디 있는가?"라고 나한테 묻는다. 나는 "그것은 예수의 정신이다. 나그네를 잘 대접하는 것은 성경의 가르침이다. 주님은 섬김을 강조하셨다."라고 했다. 이런 행위 자체가 바로 선교가 아니겠는가.

여러 교회를 방문했지만, 우리 교회가 크기는 작아도 받은 인상은 제일 깊다고 했다. 때마침 우리 교회는 의자를 새것으로 교체하여 더욱 감동이라고 했다. 한국의 전통의상 한복을 차려입고 온 가족이 있어서 그들은 개인별로 그 가족을 모델로 기념 촬영을 했다. 그것도 홍미로운 일이라고 했다. 음식을 대접해 주고 찬양을 하고 바이올린을 연주해 준 것도 감사하다고 했다. 이 모든 것을 캄보디아에 돌아가서 국가에 보고하겠다고 한다. 우리 교회 성도들이 그들을 기쁨으로 영접해준 것과 또한 이들의 이동을 도운 새중앙교회 운전기사 집사님의 노고도 훌륭했다.

이들은 한국에 와서 한국의 발전상을 보고 뜨거운 가슴을 안고 본국으로 돌아갔다. 그들은 육군3사관학교, 군선교연합회, 전쟁기념박물관, 경복궁, 남대문시장, 청계천, 국방부, 극동방송, 63빌딩, 서울랜드, 대신테크노타운, 현대자동차중공업, 포스코, 인스파월드 그리고 각 교회를 돌며 예배와 한국의 기독교 문화를 이해하고 일정을 마무리했다.

김태권 선교사의 이 사역이 캄보디아에 복음의 꽃이 활짝 피는 촉매제가 될 것 같은 강한 '필'을 받으면서 우리는 모두 주 안에서의 만남을 기뻐하고 감사했다.

—

Chapter 08

캄보디아에
복음의 꽃이 피어나기를

—

해외 선교에 관심을 갖다 보니 세계를 여행하게 되는 시너지 효과도 있다. 늘 선교와 관련하여 다니다 보니 관광은 거의 없었는데 요번엔 그런 기회가 왔다. 나를 포함한 우리 교회 사람들 6명이 캄보디아 선교지 탐방과 문화 유적지 투어에 동참하게 됐다.

갈 때 근 6시간의 비행이 좀 지루한 감이 있었다. 공항에서 입국 심사를 받는데 노골적으로 팁을 요구한다. 바로 그것이 그 나라의 후진성이다. 시엠레아프공항을 빠져나가니 김태권 선교사가 마중 나와 있었다. 그런데 날씨가 겨울이라는 데 더웠다.

캄보디아는 2,000년의 역사를 가지고 있는 저력 있는 나라이다. 그러나 19세기 후반 이후 90년에 걸친 프랑스 식민 지배와 냉전의 소용돌이에 휘말려 오랜 내전을 겪으며 발전이 정체되었다가 93년 이후에 국제 사회의 도움으로 뒤늦게 재기에 분투하고 있다. 수도인 프놈펜은 네 개의 강이 만나는 지역으로 메콩강이라는 큰 강을 끼고 있다. 국토의 80%가 평지이다.

1박 후 하루 종일 세계 7대 불가사의 중 하나라고 하는 앙코르 와트를 관광했다. 그 옛날 그 엄청난 신전을 쌓은 노동력과 기술과 석공 예술, 즉 돌을 조각하여 그린 벽화는 상상을 초월하는 대작이었다. 언젠가 이집트의 피라미드를 보고 감탄한 적이 있었는데 이건 또 다른 감탄이다. 그리고 앙코르 와트에서 또 하나의 볼거리는 거대한 몸집으로 사원을 휘감아 버린 나무뿌리와 돌로 만들어진 건물들의 공존이다. 너무 인상적이어서 감탄이 절로 나왔다.

그곳이 비록 기독교 문화는 아닐지라도 그곳에서 캄보디아 선교를 위한 미래를 내다보며 주님이 주시는 메시지를 충분히 감지할 수 있었다. 경영 전략하면 으레 떠오르는 것이 손자병법이다. 즉 '지피지기 백전백승知彼知己 百戰百勝'이란 것이다. 그러니까 캄보디아 선교를 하려면 일단 그곳부터 보고 나서 선교의 방향성을 잡아야 할 것 같았다. 저녁을 하면서 캄보디아 민속 공연을 관람했다.

시엠레아프에서 프놈펜으로 이동하는데 고속버스로 5시간 정도 걸려서 올라왔다. 날씨가 너무 덥다. 우리나라 가을 날씨라고 듣고 갔는데 한낮은 기온이 30도가 넘는다. 그것이 연중 제일 기온이 낮을 때 온도란다. 도대체 거기 사는 사람들은 어떻게 버티는 것일까? 그 무더운 날씨에 에어컨도 없이 선풍기로 버티고 더 숨 막힐 땐 백화점으로 달려간다는 얘기를 들으면서 안쓰러운 마음도 있었다. 어서 그 나라가 부흥해서 좋은 환경 가운데 살 수 있기를 기원했다. 비록 더위를 몸으로 싸우는 환경이지만 그런데도 기쁨으로 선교 사역을 감당하는 그들은 그 땅의 진정한 한 알의 밀알이었다.

수요 예배에 내가 설교하고 김태권 선교사가 현지어로 통역했고 아내가 오카리나로 찬양을 했다. 김 선교사는 캄보디아에서 결손 가정

자녀들 십 수 명을 데려다 키우며 부모 역할을 하고 있다. 이른바 청소년 사역이다. 그들과 함께 드리는 예배가 고등학생들의 신앙의 열기를 느끼게 하는 시간이었다. 새벽기도회에도 나가 보니 역시 고등학생들이 모두 나와 기도하는 모습이 기특했다. 거의 수도원 생활 같은 공동체였다. 캄보디아의 문맹률이 50%를 넘는다. 고등학교까지는 학교에 가도 교과서 없이 공부한다.

향후 세워질 청소년비전센터 부지, 학교 부지, 농장 부지 등을 둘러보았다. 건축할 수 있는 재정적 여건이 신속히 형성되어야 하겠고 농작물을 재배하여 발생하는 수익금으로 자립 선교를 추구하는 계획에 주님의 인도하심이 있기를 소망하며 우리 일행은 현장에서 '땅 밟기 기도'를 했다.

숙소로 돌아오는 길 중간에 캄퐁츠낭 연합감리교회에 들렀다. 현지인 담임목사와 잠시 대화하는 동안 마침 한인 선교사들 다섯 분이 오셨다. 초면이지만 그들과 인사 나누고 함께 점심을 대접받고 잠시 교제를 나눴다. 날씨가 덥고 교통 환경이 열악하여 매연 때문에 더 피곤한 하루였다.

학생들한테 저녁을 고기 파티로 해줬다. 너무 잘 먹는 아이들을 보니 그런 기회가 더 많아졌으면 좋겠다는 생각이 들었다. 한국 사람들은 몸무게 늘어날까 봐 고기 먹는 거 상당히 조심스러워 하는데 그들은 매우 좋아한다. 이후 강변에 있는 카페로 이동하여 야경 속 강변의 운치를 느끼며 잠시 휴식의 시간을 가졌다.

뚜어슬랭 박물관을 견학했다. 비합법적인 정권을 유지하기 위해 수많은 식자층 인사들을 잔혹하게 죽인 아픈 현장을 살펴보았다. 우리나라의 광주 사태나 일제에 의한 만행도 비슷한 역사지만 캄보디아는 그 정도가 상상을 초월한다.

킬링필드(Killing Field)란 1970년대 중반에 캄보디아에서 일어난 학살을 의미하는 용어로 '죽음의 들'이란 뜻이다. 즉 크메르루주 정권 때의 악명 높은 대학살로 생긴 집단 무덤을 말한다. 그 당시 모든 지식인은 죽여서 캄보디아의 지식인 공백기가 초래됐고 그 여파로 캄보디아의 경제는 완전히 밑바닥으로 추락해 버린 것이다. 찬란했던 앙코르 문명은 가난과 지저분함으로 완전히 그 빛을 가려 버렸다.

'크메르루주(Khmer Rouge)'에서 '크메르'는 '캄보디아 민족'을 뜻하고 '루주'는 '붉은'이라는 뜻이다. 즉 '붉은 크메르'라는 말로 캄보디아의 한 공산 무장단체의 이름이다. 이 단체는 1967년 결성되어 월남전이 거의 끝나는 1975년에 캄보디아 정권을 장악하기 위해 민주 캄푸치아(Democratic kampuchea(1975–1979)) 정부에서 수많은 사람들이 사망하면서 킬링필드라는 신조어가 생겼고 결국 크메르루주는 학살의 대명사가 됐다. 1975년부터 1979년까지 크메르루주 집권 시기에 전인구 800만 명 중 200만이 죽었다. 사망자는 대부분 중산층 지식인이었다. 그뒤 30년 동안 인구는 1,400만으로 늘어났다. 시엠레아프는 앙코르 와트가 있는 도시로 5년 전 인구 4만 명에서 지금 20만 명으로 늘었을 정도로 확대되고 있다. 호텔도 20개에서 지금은 100개가 넘는다.

그 잔혹한 역사의 현장을 보던 날 점심은 북한 식당에 가서 평양냉면을 먹었고 저녁에는 캄보디아 국방부 장교들과 우리 측 사람들과 식사를 함께했다. 그들에게 한국어를 가르치는 사역은 선교에 아주 좋은 채널이란 생각이 들었다.

일주일이 순식간에 지나갔다. 그곳을 떠나기 전 우리는 모세의 집에서 킬링필드 영화를 보며 다시 한 번 그 나라의 부흥을 위하여 기도했다. 우리를 극진하게 접대해 준 김태권, 신태순 선교사에게 고마운 마음을 전한다.

후진국이라고 해서 볼거리가 없다고 생각하는 것은 큰 오산이다. 그리고 어디서든 우리는 배울 수 있고 비전을 얻는다. 바로 그것이 해외 선교의 메리트 중 하나일 수도 있다.

일부 선교사 중에는 초심을 잃고 하나의 직업인으로 선교사란 이름만 걸어놓고 소위 잔머리만 굴리고 새벽기도는커녕 정규 예배조차도 얼렁뚱땅 넘어가는 날라리 선교사들도 더러 있던데, 김 선교사는 학생들과 매일 새벽기도와 저녁기도를 지키고 있는 모습이 안도감을 더해 주었다. 여러 가지 선교 프로젝트를 준비하고 있는데 곧 30배, 60배, 100배의 결실이 있기를 기도하며 석별의 정을 나눴다.

선교지를 방문해 주는 것은 그 자체가 선교요 위로와 힘이 된다고 했다. 우리는 복음을 먼저 받은 자로 마땅히 그 나라를 위하여 기도하고 후원하는 일을 계속해야 한다. 아, 축복받은 대한민국이여! 이제는 그 축복을 나눌 줄 아는 더 큰 나라가 되어야 하리라.

–

Chapter 09

탈북 대학생 축제에
다녀오다

–

　배고픔과 눈물 속에 살다가 북한을 탈출하여 남한 사회에 적응하며 살아가는 사람들이 그렇게 많은 줄 새삼 느꼈다. 오늘 총회 남북위원회 이 선교사의 초청으로 그들의 감사 축제에 참여하여 새로운 감동을 안고 돌아왔다. 탈북하여 기독교 신자가 된 그들을 보니 하나님의 특별하신 선택이 그들에게 임하였다는 느낌이 진한 감동으로 다가왔다. 그들이 부르는 찬양과 기도 그리고 그들의 생김새가 우리와 다른 것은 아무것도 없었다. 다만 아직도 잔설처럼 남아서 가끔 튀어나오는 북한식 억양과 북녘 냄새가 나는 그들의 노래가 '북에서 왔구나!' 하는 느낌을 줄 뿐이었다. 우리와 같은데도 다른 문화적 차이를 극복하는 것이 그들에게는 큰 과제였을 것이다.

　1부는 한기총 남북위원장 김 목사의 설교로 예배가 있었고, 2부엔 탈북하여 이화여대에서 박사과정을 밟고 있는 여성 간사의 경과 보고가 있었다. 이어서 이 선교사의 사회로 주요 임원과 내빈들의 소개와 축사 등이 있었다. 그리고 3부에서는 '통일 맞이 축제'란 제목으로 북한 인민군 가수로 활동하다 지금 이화여대에서 법을 전공하고 있는 학생의 북쪽스러운 노래, 북에서 교원대학을 졸업한 여성의 바이올린 연주, 남한에 와서 웅변으로 대통령상을 받았다는 한국외대생의 웅변, 그리고 두 자매의 몸 찬양과 MBC 개그맨 세 자매의 복음적 개그, 국회의원의 격려사 등의 순서가 있었다.

모두 즐거운 표정들이었지만 저들이 남한 사회에 정착하기까지 얼마나 고생들을 했을까 하는 마음에 안쓰러움과 함께 그들에게 깊은 위로와 격려를 보냈다. 그들은 일단 북한을 탈출하는 것 자체가 목숨을 담보한 피나는 사투였다. 그리고 여기 와서 적응하는 것도 간단치는 않았을 것이다. 다행히 그들 대부분은 정부의 배려로 대학에 진학하여 학력을 인정받는 절차를 거치고 있었다.

축사를 맡은 장신대 명예교수의 말대로 그들은 여기 와서 보니 자기들은 북한 사람도 아니고 남한 사람도 아니고 도대체 뭔가 하는 정체성의 혼란이 있었고 사회주의와 자본주의 사이에서 느끼는 괴리감 등이 힘든 부분이었을 것이다. 그리고 폐쇄된 사회에 살다가 개방된 남한 사회에 와서 느끼는 문화적 충돌 등을 극복하고 이제는 한 사람의 대한민국 국민으로 그리고 하나님의 자녀로 새롭게 태어난 축복을 누리고 있다는 그들은 모두 행복해 보였다.

물론 그렇다고 그들이 모든 문제가 다 해결되고 기쁘기만 하지는 않을 것이다. 나름대로 얼마나 힘든 일들이 많이 있겠는가. 남한은 무서운 경쟁 사회이기 때문에 정말 정신 바짝 차리고 열심히 뛰어야만 자기 삶의 질을 향상시킬 수 있고 그렇지 않으면 자칫 절망의 늪으로 떨어질 수도 있는 사회니까 긴장의 끈을 늦출 수는 없을 것이다. 또한 그들은 머지않은 통일의 날에 저 두고 온 북녘땅에 돌아가 지역의 지도

자, 민족의 지도자, 신앙의 지도자의 사명을 감당할 준비를 하고 있다.

마지막 순서로는 전 MBC 아나운서국장과 함께 모두 일어나 '우리의 소원은 통일'이란 노래를 합창했다. 진정 통일이 빨리 와야 하는데 분단 반세기를 넘어 벌어진 이데올로기가 그렇게 만만치 않으리란 염려가 많다. 그들이 여기 와서 기쁘고 즐겁게 행사를 치렀어도 아마 마음 한 편에는 북에 두고 온 부모 형제로 인한 가슴앓이에 얼마나 힘이 들까 하는 마음도 있었다. 그들이 마음껏 신앙 훈련과 전문인의 지식과 능력을 갖추도록 교회들이 힘껏 도움을 베풀어야 할 것이다. 교회들이 그들을 맡아 1:1로 신앙 교육을 시키고 장학금을 지원하여 비전을 펼칠 수 있도록 하면 좋겠다는 이 선교사의 부탁이 가슴에 저며 온다.

모든 순서를 마치고 함께 맛있는 식사를 하면서 그들과 교제를 나누었다. 집으로 오는 길에 오늘 개그를 보여 준 자매와 같은 방향이라 내 차를 타고 오면서 그녀의 간증을 들었다. MBC 개그맨 공채 12기로 들어가서 6년여 동안 활동하다 지금 1년쯤 쉬면서 신앙적으로 재충전하고 있다는 자매가 어쩜 그렇게도 믿음이 대단한지 감동이었다. 어려서부터 그렇게 신앙 안에서 잘 성장한 사람들을 보면 많이 부럽기도 하다. 다시 방송국으로 들어가기 전 신앙으로 더욱 굳게 무장하여 어디서나 복음을 전하는 선교사적 사명을 완수하기 위하여 부지런히 교회로 발걸음을 옮기는 그녀에게서는 결의에 찬 비장함도 보였다.

우리나라는 희망이 있다. 곳곳마다 신실한 하나님의 사람들이 진을 치고 있으니까 말이다. 비록 사회로부터 욕을 먹는 일이 있지만 그건 일부이거나 또는 기독교에 대한 몰이해 때문일 것이다. '바이블 코리아', '성경 북한'을 꿈꾸며 비전을 향하여 비상하는 오늘의 젊은 탈북

대학생들을 보며 아린 마음과 대견한 마음 그리고 이 민족을 향하신
하나님의 축복을 바라보며 감사한 마음으로 귀가했다.

–

Chapter 10

후배들한테 한 말씀 풀다

–

한 학기에 한 번쯤 모교에 가서 특강을 하는 편이다. 이번 학기엔 못 간다고 일찍이 선언해 놓은 터인데 오늘은 대학 교목실 관계자들과 미팅이 있는 날이다. 새벽기도 마치고 컴퓨터를 열었더니 내 홈페이지에 '이왕 오신 김에 특강까지 하라.'는 메시지가 적혀 있다. 어제 쓴 것인데 나는 오늘 본 것이다.

갑자기 무슨 특강을 하나 하는 생각에 잠겼다. 지금이 시험 기간이라 머리도 식히는 차원에서 교과목 강의가 아닌 선배로서 교훈이 될 수 있는 얘기를 잠깐 들려주면 아이들에게 유익하겠다는 것이다. 그래서 부담 없이 들을 수 있게끔 이를테면 시험 말미에 즉흥 이벤트이다.

세미나 특강도 아니고, 무슨 행사에 강의를 맡은 것도 아니고, 그저 선배라는 것 하나로 30분짜리 특강 시간을 받게 된 것이다. 가서 네 가지 정도 얘기해 줘야겠다고 마음을 정하고 차를 몰았다. 가면서 강의 제목을 '성공적인 리더가 되기 위한 준비'라고 강의 방향을 잡았다.

오전에 교수 식당에서 식사를 하며 교목실 관계자들과 환담을 나눴고 오후엔 기독교교육학과 1학년 강의실에 들어가 잠시 수업을 참관했다. 남학생 10명, 여학생 19명, 총 29명이 수강했다. 학생들이 발표하는 걸 잠시 지켜봤다. 옛날 생각도 났다. 고 교수가 나를 소개하는데 '여러분들은 새카만 후배'라고 한다. 나는 그 말을 받아 여러분 절대로 새카맣지 않다고 조크를 하여 같이 웃었다.

한 여학생이 대표 기도를 하고 강의는 시작됐다. 갑자기 연락을 받아서 강의 준비가 좀 부실하다 싶어 이럴 때 생각나게 하시는 성령님의 도우심을 구하며 앉아 있는데 그 여학생의 기도가 힘을 준다. "오늘 강의하시는 교수님과 특강을 맡으신 교수님에게 능력으로 함께하셔서 좋은 수업이 되게 해 주옵소서."

교탁 앞에 섰다. 두려움은 사라지고 잘 준비된 교수처럼 판서했다.

첫째, '열공필승'이라고 갈겼다. 열심히 공부하면 반드시 승리한다는 뜻으로 말이다. 나는 어렵게 공부했다. 흔히 예수 믿는 사람들 하는 소리가 신통神通, 인통人通, 물통物通을 해야 한다고 하는데 나는 거기에 하나 더 있다. 그것은 바로 방통放通이다. 나는 방통대放通大 출신이다. 그거 공부하느라 머리털 다 빠지는 줄 알았다. 거긴 들어가기는 쉽지만 나오는 건 만만치 않다. 요새 대학마다 커닝 때문에 난리다. 실력으로 시험 보지 않고 시력으로 보는 것도 고치라고 했다.

사람은 하나님과 통하고 사람과 통하면 물질과도 통하여 잘살 수 있다. 사람이 성공할 수 있는 인프라는 인간관계에 의해서 형성되는 경우가 많다.

둘째, 건강 관리에 대해서도 얘기했다. 규칙적인 생활 패턴이 필요하다. 일찍 자고 일찍 일어나야 한다는 지극히 초딩(초등학생을 뜻하는 인터넷 신조어)스러운 얘기도 했다. 우리의 밤 문화가 청소년들을 병

들게 한다. 건강은 건강할 때 관리해야 함을 말했다.

셋째, 프론티어 스피릿(frontier spirit)을 가지라고 말했다. 내가 나온 신학대 설립자는 '이만팔천여 동네에 가서 우물을 파라!'는 슬로건을 남겼다. 교회만 개척하는 것이 아니다. 인생도 개척하는 것이다. 개척 자는 도전 정신이 있어야 하고 섬김의 마인드가 있어야 한다. 스케일을 크게 그리고 어떤 난관이 있어도 뚫고 극복하라고 했다.

넷째, 언어 트레이닝에 대해서도 얘기했다. 언어의 기본은 우리말이다. 요새 우리말이 푸대접 받는 것은 우려할 사항이다. 글쓰기를 수없이 연습해야 한다. 학문의 끝은 모두 리포트나 논문 등 글로 표현되기 때문에 수없는 습작을 하라고 했다. 그리고 영어는 더 이상 외국어가 아니고 국제 언어이므로 회화가 가능하도록 하라고 했다. 컴퓨터도 능숙하게 활용하면 업무 능력이 극대화됨을 역설했다. 그리고 요새 대학생들이 한자를 너무 모르니 최소한 천 자는 익히라고 했다.

대학은 참 좋은 곳이다. 젊음이 있고, 낭만이 있고, 지성이 있는 곳이다. 모교가 많이 발전해서 종합대학이 된 것도 감사한 일이다. 강의를 마치고 동료 교수와 잠시 대화 나눈 후 급히 귀가하여 약수터에 가서 물 뜨고 한 시간 정도 산을 타고 하루를 마감했다.

Chapter 11

—

반가웠던 동창회

—

　벌써 신학교를 졸업한 지 수십 년이 지났다. 지금은 교훈이 바뀌었는데 나는 구 교훈을 참으로 좋아한다. '주님께 충성, 자신에게 진실, 타인에게 겸손' 이 얼마나 훌륭한 교훈인가! 이보다 더 좋은 교훈이 어디 있단 말인가. 나는 이 교훈이 참 맘에 들었다. 교가는 몰라도 이 교훈만큼은 지금까지도 나를 이끌고 있다. 내가 나온 신학대 설립자는 신학생들한테 '이만팔천여 동네에 가서 우물을 파라!'는 개척 정신을 가르쳤다. 그래서 그런지 저마다 졸업하면 으레 개척해야 하는 줄 알고 용감하게 교회들을 세웠다. 나도 그중에 한 사람이다.

　우리 기수는 동창회에 비교적 자주 모이는 편이다. 1년에 서너 번은 모이는 것 같다. 자주 참석을 못 했는데 요번에는 내가 사는 수원에서 모이니 이때라도 참석해야겠다 싶어서 시간을 냈다. 많이 모이지는 못했지만 모두 반가운 얼굴들이었다. 동부인 한 회원까지 합쳐서 20명이 좀 넘는 듯했다. 조강신 목사는 만년 총무로 사실상 우리 동창회를 컨트롤하고 있다. 그 친구 덕에 35동창회는 시들 수가 없다. 모임 장소는 동신교회. 이종석 목사가 시무하는 교회였다. 그는 특전사 출신으로 목회를 아주 잘하고 있다.

군대 못지않게 선후배 따지는 데가 목회자 세계란다. 그래서 동창회라고도 하지 않고 동기 모임이라고 한다. 신학교라는 특수한 동네이다 보니 동창이라도 나이는 천차만별이다. 특히 우리 때는 모두 야간에 늦깎이로 사명 때문에 온 사람들이라 더했다. 스승과 제자가 동창이 되기도 했다. 그래도 동기는 나이를 초월하는 것 같다.

간혹 중간에 더러 만난 친구도 있기는 했지만 참으로 오랜만에 만나는 회원도 있었다. 이마엔 주름이 지고 머리는 백발이 휘날리고 목소리도 한 톤 낮아진 동기생들을 보니 세월이 야속함을 느낄 수 있었다.

우리 동창회는 여느 일반 대학 동창회와 다르다. 일단 예배부터 드린다. 그리고 회의를 하고 귀국한 선교사가 있으면 선교 보고도 받고 디스커션 시간엔 목회 정보를 교환하며 밀린 회포를 푼다. 술 한잔 하고 노래방 가서 한 곡씩 뽑는 동창회가 아니다. 늘 목사님의 자리에 있다가 동창회에 나오면 친구들 모임 같다. 사실이 그렇기도 하고.

고윤재 목사가 사회를 보고, 요새 교회를 멋있게 건축하고 있는 류춘배 목사가 기도하고, 회장 남무섭 목사가 설교하러 등단했다.

"목사님들한테 이게 통할지 모르겠지만, 조크를 먼저 하겠습니다. 어쩌고저쩌고…."

"…."

"이거 봐요. 아무도 안 웃잖아요. 하하."

내가 특별 기도를 했다. "나라와 민족을 위하여, 동기생들 건강과 사역을 위하여, 건축 중인 동기생 교회를 위하여…."

미국에서 교포 목회를 하다가 이제 세계에서 코가 제일 크다는 멕

시코 선교사로 나가는 우상배 목사가 일시 귀국하여 보고하는 시간을 가졌다. 그는 군 영관급 정훈장교 출신으로 나이는 우리보다 더 먹었어도 복음에 대한 열정은 아직도 뜨거웠다. 회장이 설교할 때 이제 우리는 나이로 봐서 목회 후반전이라고 했는데 우 목사는 후반전을 지나 연장전이라면서 갈 길이 바쁘다는 얘기를 했다. 대개 십여 년 정도면 모두 정년을 맞을 테니까 그 안에 부지런히 목회해야 안 되겠냐는 것이다.

오후 일정이 있기는 한데 볼일이 있어서 좀 일찍 서둘러 귀가했다. 동창회 카페에 올려진 그날 사진을 보니 옛 전우들을 만난 기분이다. 여러 가지로 열악했던 학교 환경, 물질적인 어려움 등을 극복하고 그래도 나름대로 열심히 목회하여 대개 어느 정도 궤도에 서 있는 동창들을 보니 지나온 세월이 보이는 듯했다.

동기생들이여! 이젠 나이도 있으니 건강도 좀 챙기면서 일들 하시게나.

Chapter 12

—

경찰서에서
재롱 잔치를 했다

—

우리 지역 관내에 서부경찰서가 개서된 지 얼마 안됐다. 아직 어린애와 같은 나이지만 주민 친화적 마인드를 가지고 계신 서장님 덕택에 자칫 경직되고 낯설기만 할 경찰서에 친근감이 있다.

경찰서 강당에서 치러지는 행사에 몇 번 참석을 하고 문득 '여기서 우리 어린이집 재롱 잔치를 하면 좋겠다.'라는 생각이 들었다. 그런데 국가의 특수한 기관에서 그것이 가능한 일인지 생각해 보니 희망 사항일 뿐 괜히 경찰서 입장 곤란하게 하는 건 아닌가 하는 생각에 망설이다가 기회가 돼서 타진을 했다. 모두 수용할 수는 없지만 경우에 따라서는 가능할 수도 있겠다는 결론이었다.

여러 가지로 조심스러웠지만, 경찰서에서 하기로 최종 확정을 짓고 준비를 했다. 경찰서는 대민 봉사 차원에서 최대한 협조를 해 주었다. 아이들이 추울까 봐 히터도 틀어 주고 여러 경찰관들이 수시로 들여다보며 불편 사항은 없는지 챙겨주었다.

우리 어린이집은 아이들 재주가 뛰어나다. 해마다 하는 행사인데 아이들은 완전 프로였다. 근 2시간 공연을 지켜보는 어른들은 다소 힘들어 보이는 분들도 계시던데 아이들은 기가 살아서 펄펄 뛴다. 게다가 아이들은 리허설 때문에 무려 다섯 시간 정도를 무대에 있었던 셈인데도 힘들어 하는 녀석은 하나도 없었다.

학부모님들 또한 뜨거운 협조자들이다. 올해엔 경찰서 강당에서 한다니까 굉장히 신선하게 받아들이는 분위기였다. 죄인만 다루는 곳인 줄 알았는데 지역 주민 편의를 위하여 그런 서비스도 한다는 것이 학부모들한테는 굉장히 긍정적인 반응을 얻었다. 게다가 뺑소니 팀장을 맡고 계신 경찰관 윤덕민 경위가 특별출연하여 하모니카 연주를 해주셨는데 아이들 말을 빌리면 '짱'이었다. 실력이 보통이 아니었고, 적절한 멘트에 적절한 선곡을 하셨고, 기가 막힌 연주를 해주었다. 그분은 사복 근무만 하시는데 내가 그날만은 정복 차림을 부탁했더니 순종했다. 지역 주민과 경찰이 이렇게 하나가 되고 가까운 이웃이라는 인식을 심어주는 계기가 되어서 감사했다.

행사는 9시에 끝났는데 뒷정리하고 집에 오니 10시가 넘었다. 저녁은 건너뛰고 그냥 잤다. 어제 늦도록 퇴근도 못 하고 행사 감독해 주신 정보통신계장께 감사드린다. 행사를 허락해 주신 서장님, 과장님, 계장님 진심으로 감사드린다.

우리 어린이집은 단 한 번도 모집 광고를 부치는 일도 없었지만, 학부모들 입에서 입으로 알음알음 찾아와서 모집된다. 특별히 시설이 좋은 것도 아니고 내세울 만한 것도 없지만, 그저 아이들을 내 자식처럼 사랑하고 최선을 다해서 돌봐주는 선생님들이 훌륭하다고 본다.

새로 지은 건물이라서 그런지 경찰서 풍경이 아름답다. 지금은 낙엽이 지고 말았지만 얼마 전까지만 해도 포도가 영글고 청포도가 군침을 돌게 했다. 성경에 나오는 무화과도 있고 사과, 배, 복숭아 그리고 능소화, 목수국, 무궁화동산 등 경찰서의 딱딱한 이미지를 한눈에 가시게 하여 여기가 죄인을 다루는 곳이 아니라 공원 같은 착각을 불러 일으키기도 했다.

우리 경찰서가 사건 사고를 미연에 방지하고 끊임없는 지도 계몽으로 지역의 바른 질서가 확립되어 살기 좋은 고장이 되고 있음은 참으로 감사한 일이다. 앞으로도 우리의 경찰이 민중의 지팡이로서 언제든 주민에게 다가가는 믿음직한 경찰이기를 기원해 마지않는다.

Chapter 13

그래도
선교는 해야 한다

-

지난 초봄 어느 선교사와 중경 총회장 이 목사, 고 교수 그리고 필자가 함께 식사를 하게 됐다. 그때 선교사는 당신이 해외에 세운 신학교에 와서 한 주간 강의해 달라는 요청을 했다. 선교가 무슨 큰 죄라도 되는 양 비난하는 때인지라 여러 가지를 검토하게 됐다. 게다가 신종인플루엔자도 신경 쓰이는 부분이었다. 일정이 잡혀도 확신이 오지 않다가 우리 교회 밖의 누가 경비 전액을 입금해 주면서 하나님의 뜻인가 하는 생각을 했다. 며칠 더 기도하며 고민하다가 최종적으로 가기로 확정을 졌다.

하나님께서 해외 선교 5년이 되니 또 다른 새로운 사역지를 주셨다. 공항에 내리니 밤이었고 거기 사역자들이 마중 나와 반갑게 인사 나누고 차에 올랐다. 도착한 곳은 신학교 건물이 아니고 교포가 시무하는 정부로부디 허가를 빈 교회였다. 담임목사가 순수하고 신실한 그리고 농촌스러운 분이라서 우리와 금세 하나가 됐다.

하룻밤을 보내고 첫 강의를 내가 맡았다. 대학원 때 석사학위를 일반사회복지로 전공했는데, 그걸 기독교사회복지로 접목시켜서 교안을 작성했다. 매도 먼저 맞는 것이 낫다고 일단 부딪쳐 봤다. 자연스럽게 수업 분위기가 잡혔고 담담히 복음을 전할 수 있었다. 수강생 분포는 목회자 재교육 프로그램과 학부 과정이 혼합된 성격을 띠고 있었다. 학문과 영성을 잘 조화하여 은혜가 충만한 수업 분위기로 하나님께서 은총을 베풀어 주셨다.

이번 기간은 먹거리가 풍성했다. 교포들이 밥을 해서 우리와 식단이 같았고 무엇보다도 그 교회 목사님이 직접 농사지은 각종 신선한 채소가 식탁을 즐겁게 했다. 특히 우리나라 강화에서 재배되는 '고수'라는 식물은 특수한 향 때문에 강화 사람들 말고는 잘 먹지 못하는데, 그곳 사람들이 즐겨 먹는 것을 보며 놀랐다. 나도 고향 떠난 지 30여 년 만에 먹는 반가운 채소라 잘 먹으니까 그들도 무척 좋아했다. 또 하나는 스태프들과 쉬는 시간에 농담하는 중에 학생들이 잘 먹지 못하고 생활 환경이 열악하니 영양식을 먹였으면 좋겠다는 이야기를 그쪽에서 해서 고기를 살 수 있도록 우리가 도움을 줬다. 즉시 사다가 요리가 됐는데 전원이 아주 맛있게 먹는 풍경이 장관이었다.

그 나라는 교회를 아주 제한적으로만 허용하고 있기 때문에 신학교 수업은 대개 피난민들이 이동 수업을 받듯 늘 자리를 옮겨야 하는 불편과 항상 재정적 뒷받침이 불투명하고 교육 환경이 열악하다. 하지만 그들의 열정만큼은 한국 교회가 배워야 할 부분이다.

금요일 오전까지 모든 강의를 마치고 그날 오후엔 동굴 견학을 했다. 끝없는 벌판길을 달려 동굴 안을 배를 타며 견학을 했다. 참으로 아름다운 신비의 동굴이었다. 이 원장의 적극적인 배려와 고 목사의 추천으로 좋은 시간을 갖게 되었다.

숙소로 돌아오는 길에 모두가 피곤하여 곯아떨어졌다. 사역자들 모두가 머리를 떨어뜨리고 곤히 잠들었는데 나하고 운전하는 형제만 눈을 뜨고 있었다. 내가 약한 듯하면서도 강하게 하신 하나님을 찬양했다.

토요일 오전에 시간이 좀 있어 역사의 현장을 살펴보았다. 한국어로 성경을 번역한 서상륜이 작업했던 기념 교회가 기독교유적지로 관리되고 있어서 그곳을 방문하였다. 시내는 제법 발전한 도시로 우리나라 서울 거리와 크게 다르지 않았다.

그리고 귀국길에 공항에 북한 인민들이 그렇게 많은 것을 처음 봤다. 아마 무슨 행사가 있었는지 많은 북한 사람들이 김일성 배지를 달고 바로 옆줄에 보딩을 기다리며 서 있는데 평범한 인민들 같지는 않았고 아마 웬만큼 이상 성분의 사람들 같아 보였다. 그들이 우리 줄 바로 옆에 바짝 붙어 서 있는데 동포라는 친밀감보다는 오히려 긴장을 주는 기분이었다. 그래서 말을 붙이고 싶었지만 참았다.

한 주간 성도들이 기도로, 물질로, 문자로 응원해 주심을 영으로 교감하며 감사했고 이번에도 새로운 은혜와 감동과 선교 비전을 품고 벅찬 가슴으로 귀국하게 되었다.

Chapter 14
—
권혜진 선교사의 가는 길을
축복한다
—

혜진이가 대학교 1학년 때인가? 내가 안양대학교에 특강을 그해 몇 번 갔었다. 한 시간 강의하다 보면 이 아이들이 어떤 성향을 가졌으며 영적 상태가 어떤지 대략 파악을 하게 된다. 그런데 느낌이 좋았다. 좋은 후배들이란 생각이었다. 이렇게 훌륭한 학생들이 후배란 것이 자랑스러운 생각마저 들었다. 역시 학교 설립자의 정신이 흐른다는 생각이었다. 대신 출신들은 야전성이 강하다. 뉴 프런티어에 대한 도전 정신이 있다.

특강 이후 몇몇 아이들하고 연락이 이어졌고 지속적인 만남을 통해 '끌밀'이란 모임이 결성됐다. 우리가 모여서 하는 일은 예배드리고 회의하고 미션 투어하고 서로를 돌아보고 기도해 주고 심방하고 그런 일을 한다.

몇 해 전, 외국 신학교에 내가 고 교수하고 강의 가는 데 혜진이가 동행하게 됐다. 그때는 진짜 난방이 전혀 안 돼 방 안이 냉장고 수준이라, 이 아이가 따라가서 걱정이 많았다. 그런데 혜진이가 다행히 잘 견

더 주었고 아니 나를 챙기기까지 했다. 내가 발 시려 하니까 자기 수면 양말을 내게 주고, 또 내가 사브레 좋아한다고 한국보다 세 배는 비싼데 사다 주고 그랬던 기억이 감사로 느껴진다.

혜진이가 대학을 졸업하고 예수전도단(YWAM) 소속으로 동국대에서 캠퍼스 사역을 했다. 그 전에 캄보디아를 다녀온 후 그 나라를 마음에 품고 늘 기도하더니 거기로 선교사를 나가겠다는 것이다. 거긴 날씨도 덥고 여기보다 모든 것이 열악하다. 아토피가 좀 심하던데 가녀린 아가씨가 혈혈단신으로 간다니 걱정도 되지만 주님께서 동행하여 주실 줄 믿고 기꺼이 보내게 됐다.

혜진이는 기타도 잘 치고 노래도 잘한다. 성품이 곱고 아름다운 심성을 지녔다. 나를 늘 최고라고 하며 좋아하고 따르는 좋은 자매이다. 그래서 수시로 연락하고 매사에 함께하는 신실한 그리스도의 사람이다. 늘 성실하게 사는 혜진이는 가까이에 있던 동지였다.

혜진이의 선교사 파송식이 우리 교회에서 3년 전에 있었다. 주 파송 단체는 '예전단'이지만 우리 끌밀 모임에서도 그를 축복하는 의식이 필요했다. 많은 성도들이 참여하진 못했지만 그래도 안 나오던 성도들도 몇 명 나와서 그나마 감사했고 끌밀 회원들도 많이 못 와서 아쉽기는 했지만 그래도 은혜로운 예배였다.

어떤 사람은 전봇대만 봐도 십자가로 생각하여 기도가 나온다고 하던데 혜진인 사브레를 보거나 수면 양말을 보면 내 생각이 난다니 감사한 일이었다. 농담이지만 그나저나 캄보디아는 수면 양말이 필요 없고 사브레도 없으니 내 생각이 덜 날 것 같아 좀 아쉽다. 딸 같고, 친구 같고, 제자 같고, 동역자인 혜진이는 대학 때 항상 상위 1% 안에 있던 똑똑한 학생이었다. 다음은 혜진 양의 문자이다.

"정말 감사해요. 생각지도 못한 큰 축복과 격려를 받고 갑니다. 제 믿음의 발걸음이 아주 힘찹니다. 늘 예뻐해 주시고 지지해 주시며 제 삶에 관심 갖고 사랑 표현해 주셔서 정말 감사해요. 제가 기도의 빚이 많음을 느끼며 힘써 목사님과 가정과 강은교회 위해서 기도하겠습니다. 아멘."

이렇게 파송식을 하고 캄보디아로 선교 나갔던 혜진이가 그 기간을 채우고 귀국하여 결혼하고 제2기 사역을 나가게 된다. 그의 남자친구는 pok visal both 형제이다. 어쩌면 그렇게 인물도 출중하고, 믿음도 좋고, 한국말도 잘하고, 전부터 잘 알던 사람처럼 친근감이 있다. 이들이 부부로 만나게 된 데에도 하나님의 크신 은혜가 함께 하였다. 이제는 둘이 힘을 모아 더 크게 하나님의 일을 많이 하기를 축복한다.

Part 3

Chapter 01

—

싸가지 있는
사람이 되자

—

사람이 세상을 살면서 꼭 지켜야 할 것이 4가지가 있다. 첫째는 겸손, 둘째는 예의, 셋째는 양보, 넷째는 신용이다. 이 '넷'이라는 단어가 중국의 사대주의와 문자 좀 한다는 사람들의 재담 속에서 한자화되어 '사(四)가지 없는 사람'이 되었고 다시 첫 번째 음소의 된소리 현상과 마지막 단어 '사람'의 용례에 의한 격 낮춤 현상으로 인해 '싸가지 없는 놈'이 되었다고 한다.

즉, '싸가지 없는 놈'이란 네 가지를 모두 갖추지 못한 사람을 지칭하던 말이었지만, 세월이 많이 지나면서 그 의미가 많이 희석되고 또한 비일비재하게 쓰이다 보니 이 중 한 가지만 없어도 사정없이 '싸가지 없는 놈'이라고 욕을 하게 된 것이다. 그래서 웬만하면 싸가지 없는 사람이라고 무분별하게 쓰이고 있다. 상대방이 자신의 마음에 흡족하게 행동하지 못하였을 때도 그 용례와 의미를 무시한 채 남발하는 경우가 대부분이 되었다.

첫째, 겸손

겸손한 자의 특징은 언제나 공은 남에게 돌리고 윗사람을 공경할 줄 알며 항상 자기 일을 반성하는 사람이다. 사람은 다 실수가 있고 흠이 있다. 그런데 중요한 것은 그것을 인정하고 고치는 사람이냐 인정하지 않고 버티느냐에 따라서 그 사람의 됨됨이를 알 수 있다.

둘째, 예의

물론 겸손도 예의의 한 축을 이루는 것만큼은 사실이다. 그러나 예의란 사람들 사이에 서로의 존경에 대한 약속이니 겸손과는 조금 다른 것이다. 남을 존경하며 자신을 낮추는 겸손과는 또 다른 차원에서 생각할 수 있다. 사람은 예의가 바른지 그른지에 따라 그의 인격을 알 수 있다. 인격은 사람의 가치를 말한다. 그래서 물건값은 가격이라 하고 사람의 값은 인격이라 하는 것이다.

셋째, 양보

옛말에도 양보지심讓步之心이라고 하여 언제나 나 자신보다는 남을 먼저 배려할 줄 아는 자세를 처세의 으뜸으로 삼았다. 그런데 요새 아이들은 양보심이 참으로 없다. 양보할 줄 아는 교육이 필요한 때다.

넷째 신용

신용 있는 행동은 모든 사람에게 귀감이 되며 믿음을 준다. 21세기는 신용사회이다. 누가 봐도 틀림없는 사람이란 인정을 받아야 한다. 자기가 한 말에 대해서 책임을 질 줄 알아야 한다. 말만 번듯하게 해놓고 지키지 않는 사람은 자기 가치를 스스로 격하시키는 행위이다.

이 네 가지는 예나 지금이나 사람이 세상을 살아가며 꼭 지켜야 할 덕목이며 이것을 겸비하지 못한 사람을 가리켜 네 가지를 갖추지 못한 사람이란 뜻으로 '싸가지 없는 사람'으로 불렸던 것이다.

또 싸가지 있는 사람인지 없는 사람인지는 그 사람 얼굴에 어느 정도는 나타난다. 얼굴이란 우리말의 의미는 '얼'은 영혼이라는 뜻이고, '굴'은 통로라는 뜻이 있다. 멍한 사람을 보면 '얼빠졌다'라고 말한다. 죽은 사람의 얼굴과 산 사람의 얼굴, 기분 좋은 사람의 얼굴과 기분 나쁜 사람의 얼굴은 다르다. 얼굴은 마음 상태에 따라 수없이 달라진다. 그래서 사람의 얼굴은 마치 영혼이 들어왔다 나갔다 하는 것처럼 바뀐다. 참으로 변화무쌍한 것이 사람의 얼굴이다.

표정이 그 사람의 인생을 결정한다고도 한다. 그러니 가급적 어두운 표정을 짓고 살지 않도록 의도적인 노력이 필요하다. 사람이 좋은 일만 있는 것도 아니다. 그러나 그래도 남한텐 가급적 밝은 표정으로 대하도록 노력해야 할 것이다. 표정과 감정의 관계는 불가분의 관계이다. 우리의 신체 근육 가운데 가장 많이 가지고 있고 가장 오묘한 것이 바로 우리의 얼굴이다. 그래서 얼굴을 보면 그 사람을 알 수 있다. 우리는 그것을 인상이라고 한다. 시시때때로 상황에 따라 변화되는 것이 우리의 얼굴 모습이다.

지금부터 우리의 얼굴을 바꾸자. 우수에 찬 얼굴로 살 것이 아니라 영혼이 살아 있는 싱싱한 얼굴, 활기찬 얼굴로 살자. 항상 밝은 모습으로 모든 사람을 대하도록 노력하자. 그렇게 살면 모름지기 좋은 일이 많이 있으리라.

–

Chapter 02

난 5,000원짜리
이발을 한다

–

아무리 경제가 어려워도 밥은 먹어야 살듯이 머리도 돈 없다고 안 깎을 수 있는 것이 아니다. 나는 한 달에 한 번 정도는 이발소를 찾는다.

몇 년 전 얘긴데 한번은 동네에 이발소가 생겨서 형광등이 뱅글뱅글 돌아가기에 반가운 마음으로 찾아갔다. 지하 계단으로 내려가니 약간 붉은 빛 조명이 왠지 여느 이발소 같은 느낌이 안 들고 좀 어색했다.

"여기 이발소 아닌가요?"

"맞긴 맞는데요. 여긴 좀….''

"무슨 뜻이죠?"

"아, 여긴 아가씨들하고 뭣 좀 하고 그러면 요금이 한 70,000원 정도 나오거든요."

"아, 네. 전 딴 데로 갈게요."

나오면서 다시 한 빈 뒤를 돌아다보니 거긴 나 같은 사람들이 갈 곳이 아닌 것을 알 수가 있었다. 그렇다면 어디로 이발을 하러 갈까 고민하고 있는데, 친구가 이발소를 한 군데 소개해 줬다. 그리고 지금은 내

단골 이발소가 됐다.

수원 화서동 화양초등학교 정문 맞은편에 스피드 셀프 이발소다. 사장님은 연세가 드신 할아버지라고 해야 맞을 듯싶다. 수원 서울농대 캠퍼스 안에서 30여 년 학생들과 교직원들을 상대로 영업했는데 그만 그 대학이 2003년에 서울로 이전하는 바람에 동네로 나와 이발소를 차렸다. 이제는 나이도 먹고 또 요새 신세대들이 찾는 그런 유형의 업소를 차릴 수도 없고 해서 고안해 낸 것이 요금을 낮추고, 셀프로 면도 하고, 머리 감는 것도 손님이 알아서 하는 식이다. 그리고 이발하는 데 걸리는 시간은 다른 이발소에 비해 삼분의 일도 안 걸린다. 아주 잠깐이면 머리를 산뜻하게 깎을 수 있다.

나한테는 '딱'이다. 딴 이발소에 가면 요리 보고 조리 보고 깎고 또 깎고 시간 무지하게 걸린다. 그리고 대개는 이발소 사장 부인들이 면도해 주는데 그것도 시간 만만찮게 소요된다. 면도해 주고, 수건 뒤집어씌워 놓고, 두들겨 주고, 코털 깎아 주고, 화장품 몇 가지 문질러 주고, 그러다 보면 한 시간은 훌쩍 지나간다. 게다가 손님들이 밀려서 기다리기라도 하면 시간은 더 빼앗긴다. 그렇게 수고를 했으니 요금은 만 원을 받는 것이다.

근데 내가 가는 이발소는 잠깐 뚝딱하면 이발이 끝난다. 면도야 어차피 집에서 한 거고 머리 감는 것도 내 손 멀쩡한데 뭘 남한테 맡기나. 내가 쓱쓱 감고 5,000원 내고 오는 것이다. 값싸서 좋고 시간 안 걸려 좋다. 그렇다고 처삼촌 벌초하듯 깎는 건 아니니 염려할 건 없다. 이발하면서 이발소 사장님의 연설을 듣고 있노라면 이 어르신은 참으로 잡상식이 많다는 걸 느낀다. 스스로 하시는 말씀이 "내가 뭘 배워서 아는 게 아니라, 대학 구내 이발관을 하다 보니 유식한 교수님들 애

길 많이 들어서 이렇게 주절댄다."고 하신다.

　요새 젊은 사람들이야 뭐 전부 미용실 가서 머리 자르던데, 우리 같은 쉰세대들이야 그럴 필요가 있겠나 싶다. 그야말로 이발소 손님을 전부 미용실에 빼앗겨서 울상이란 말씀도 그 어르신이 하신다. 미용실 명칭도 과거엔 미장원이라 했는데 요새는 헤어숍, 헤어갤러리 등등 다 바뀌었고, 또 남자 미용사들이 여성 머리를 해 주는 숫자도 엄청 많아졌다. 시대가 변하면서 헤어스타일도 갖가지로 변했다. 머리를 화난 것처럼 세우고 다니는 사람도 있고, 위에는 깎고 밑엔 길게 기르고 다니는 사람도 있고, 또 남자면서도 머리를 길게 길러 묶고 다니는 사람도 있고, 파마를 한 남자들도 쉽고 볼 수 있고, 머리를 총천연색으로 컬러풀하게 염색하고 다니는 사람도 있다. 가지가지 모습이 다 제멋인가 보다.

Chapter 03

—

나는 들풀처럼 살았다

—

나의 청년 시절,

나는 육체의 질고로 인한 처참한 연단을 받았다.

가족 없이 고아처럼 살아간다는 게

얼마나 힘들고 비참한 일인지

나는 뼈저리게 느꼈다.

길바닥에 쓰러지기도 했다.

하지만 그때 선한 사마리아인은 없었다.

나는 그렇게 공덕동 언덕배기에서 외로운 사투를 벌였다.

어떻게 병원까지 갔는지 기억은 없다.

링거 투여 후 흐느적대던 몸에 중심이 잡혔다.

너무 신기했다.

어떤 땐 피를 토하기도 했다.

나한테서 솟구쳐 나오는 피 비린내.

처음엔 두렵고 떨렸다.

이러다 죽는 건 아닌가 하는 생각도 있었다.

하지만 시간이 지나니 그것도 별거 아니다.

까짓것.

누가 이기나 해 보자.

버텨내 보자.

우유 한 모금도 넘기지를 못하고 토하기도 했다.

아브라함이 갈 바를 알지 못하고

갈대아 우르를 떠났듯이

나 역시도 오라는 데도 없고

갈 데도 없이 상경한 타향살이는

너무나 고단하고 힘에 겨웠다.

살아야 했고

공부해야 했다.

그렇지만 역시 그때도 까마귀는 오지 않았다.

나는 그렇게 들풀처럼 살았다.

지금 생각해 보니 어떻게 견뎠는지

하나님의 은혜였다.

나는 눈물이 없다.

그때 난 울면 실패라고 생각했다.

물론 지금도 그 정신이다.

청년 시절 고생을 많이 했는데

의외로 지금은 아픈 데가 없다.

참으로 감사한 일이다.

피곤할 때 입안에 흰 반점 생기는 거 말고는

비교적 건강한 편이다.

내세울 만한 건강은 아니지만 그렇다고

어디 불편한 데가 있는 것도 아니니 감사할 뿐이다.

근데 아직도 잎만 무성하다.

하나님과 여러 사람 앞에 죄송한 맘 가득하다.

Chapter 04

팔불출이 되자

팔불출八不出이란 말이 나는 사전에도 없는 방언쯤으로 생각을 했다. 그러나 엄연히 국어사전에 '몹시 어리석은 사람을 이르는 말'이라고 나와 있다. 이 말은 원래 불교 용어이다. ① 불생不生 ② 불멸不滅 ③ 불거不去 ④ 불래不來 ⑤ 불일不一 ⑥ 불이不異 ⑦ 부단不斷 ⑧ 불상不常 등 여덟 가지를 못하는 것을 이른 말이다. '팔불출'의 동의어로 '팔불용八不用', '팔불취八不取', '팔삭동八朔童이'가 있다.

인간관계 속에 가끔 팔불출이란 말을 들을 수 있다. 그 첫째가 자기 잘났다고 뽐내는 사람, 둘째가 마누라 자랑하는 사람, 셋째가 자식 자랑하는 사람, 넷째는 선조와 아비 자랑을 일삼는 사람, 다섯째는 저보다 잘난 듯 싶은 형제 자랑하는 사람, 여섯째는 어느 학교의 누구 후배라고 자랑하는 사람, 일곱째는 자기가 태어난 고장이 어디라고 우쭐해 하는 사람 등등 수도 없이 많은 경우에 팔불출이라고 갖다 붙인다. 아마 제일 많이 듣는 것은 처자식 자랑하는 경우일 것이다. 자식은 내 자식이 커 보이고 곡식은 남의 곡식이 더 커 보이는 법이다. 자식은 자기 자식이 잘나 보이고 재물은 남의 것이 더 좋아 보여 탐이 난다고 한다.

난 요새 차라리 팔불출이 낫다는 생각을 한다. 진정 자기 자식, 자기 마누라, 자기 남편, 자기 부모가 제일 자랑스럽고 잘나 보이는 것은 지극히 정상이 아닌가? 물론 그것은 착각일 수 있다. 그렇지만 이 얼마나 거룩한 착각인가. 당연히 그렇게 생각하고 사는 것이 제대로 된 것이지 남의 떡이 더 커 보인다면 그게 정상이란 말인가. 누가 그러는데 자기 가족 흉보고 다니는 사람은 십팔불출十八不出이란다. 그러니까 이제부터는 제 식구 자랑하고 다닐 수 있기를 바란다. 흉보고 다니는 것보다는 훨씬 잘하는 일이니까 말이다.

며칠 전 우리 교회에 브라질 선교사가 와서 설교를 했다. 설교 중 그분은 자기 두 아들 자랑을 하면서 멋쩍은 듯 팔불출이라고 했다. 나는 그 아들 자랑이 역겹게 들리지 않고 감사하게 들렸다. 아마 다른 분들도 그렇게 들은 거로 알고 있다. 자녀들이 잘 커 주면 부모나 주위 어른들은 그렇게 대견할 수가 없고 고마울 수가 없다.

자녀를 칭찬해 주고 축복해 주자. 인격적인 대우를 하며 끊임없이 칭찬해 주고 꿈을 심어 주자. 옛말에 '한 말의 쓸개보다 한 방울의 꿀이 더 많은 파리를 잡는다.' 라는 속담이 있다. 어린아이들에게 하는 몇 마디의 칭찬은 그들의 마음속에 커다란 꿈을 심어 주고 이를 성취할 수 있는 힘을 준다.

유대인을 보라. 그들은 세계 곳곳 각 분야에서 괄목할 만한 성과를 이루었다. 노벨상 수상자의 26%가 유대인이다. 특히 노벨 과학상 수상자의 60%가 유대인이며 3,000여 개의 대학에서 가르치는 교수의 25%가 유대인이다. 미국에서 큰 빌딩이나 은행, 대형 백화점 주인의

90%가 유대인이다. 세계 곡물 시장과 무기시장도 유대인이 석권하고 있다. 할리우드 영화계 역시 유대인이 석권하고 있다.

인구는 겨우 500만 명 정도에 불과한 이스라엘이 어떻게 그처럼 세계의 모든 곳을 통해 큰일을 할 수 있었을까? 그들은 사람의 출생에는 하나님의 특별한 뜻이 있다고 믿으며 아이가 성장할 때 철저히 십계명을 지키고 살도록 가르치고 끊임없이 칭찬해 주고 마음껏 놀고 풍부한 감성을 가지고 어린 시절을 보내게 한다. 그들은 여호와를 자기 하나님으로 삼는 백성은 복이 있다고 가르치며 어려서부터 하나님을 교육했기 때문에 오늘날 그들이 온 세계에 주목받는 민족이 된 것이다.

자녀한테 하는 잔소리를 줄이고 대신 축복하고, 자랑하고, 격려하고, 칭찬하자. 칭찬은 고래도 춤을 추게 한다. 아내들이 남편을 싸움으로, 힘으로 대항하려는 자는 참으로 미련한 여자다. 그러지 말고 슬슬 칭찬해 주면 그냥 넘어지는 것이 남자들이다. 이제부터는 가족을 칭찬하는 진짜 팔불출이 되자. 그러면 그 칭찬대로 될 것이니까 말이다.

Chapter 05

—

그 금식이
나를 위한 것이냐

—

70년대 말쯤으로 기억이 되는데 부흥회 때 은혜받을 요량으로 일주일 금식을 작정하고 실행에 옮겼다. 하루 했더니 기운이 없고 어질어질하다. 그 강도가 점점 더해지더니 3일째는 구토가 나고 힘이 들어 교회를 갈 수가 없었다. 아마 배설물까지 토한 것으로 기억된다. 은혜는커녕 교회도 못 갔으니 그 금식은 실패한 것이다. 그 후 해마다 고난주간 금요일에 한 끼 정도 금식을 했고 더 이상은 체력이 약해졌는지 역반응이 심해 엄두를 못 냈다. 남들 금식하는 얘기를 들으면 죄책감이 들었다. 3일, 7일, 21일, 40일 이렇게 금식을 당당하게 끝내는 사람들을 보면 부럽기도 하고 나 자신이 작게 느껴지기도 했다.

집안에 골치 아픈 일이 있었다. 하루 한 끼 100일을 작정하고 무사히 마친 적이 있다. 그 후 2000년도에 우리 교회가 건축됐다. 아무런 대책도 없이 모험하다시피 했기 때문에 긴급 상황이었다. 하루 한 끼를 작정하고 기한 없이 금식했다. 하다 보니 준공검사 필증 받을 때까지 하게 됐는데 7개월을 했다. 최근엔 역시 하루 한 끼 40일 금식을 끝냈다. 나름대로 기도 제목이 있어서 조용히 마쳤다. 인터넷으로 금식에 관련된 성구를 검색했더니 56구절이 나온다. 한 절 한 절 모두 읽어봤다. 그중에 몇 절을 인용하겠다.

우선 마태복음 6장 16절에 '금식할 때에 너희는 외식하는 자들과 같이 슬픈 기색을 내지 말라. 저희는 금식하는 것을 사람에게 보이려고 얼굴을 흉하게 하느니라. 내가 진실로 너희에게 이르노니 저희는 자기 상을 이미 받았느니라.'라고 했다. 금식하는 티를 내지 말라는 것이다. 그다음은 역시 마태복음 9장 15절에 '예수께서 저희에게 이르시되 혼인집 손님들이 신랑과 함께 있을 동안에는 슬퍼할 수 있느뇨. 그러나 신랑을 빼앗길 날이 이르리니 그때에는 금식할 것이니라.'라고 했다.

'신랑과 함께 있는 동안'은 평안한 때이다. 그때는 금식하지 말고 '신랑을 빼앗길 날이 이르리니'라고 했는데 이때는 비상 시이므로 금식을 해야 하는 때이다. 그리고 이사야 58장 6절에서는 '나의 기뻐하는 금식은 흉악의 결박을 풀어 주며 멍에의 줄을 끌러 주며 압제당하는 자를 자유롭게 하며 모든 멍에를 꺾는 것이 아니겠느냐.'라고 했다. 하나님이 기뻐하시는 금식이 있다는 것이다. 그런 금식엔 흉악의 결박이 풀리고 멍에의 줄이 끌러지는 아름다운 결과가 있다는 것이다. 이 말씀을 역으로 생각하면 하나님이 기뻐하시지 않는 금식들도 많이 있다는 것이다.

잘못된 금식에는 예레미야 14장 12절에 '그들이 금식할지라도 내가 그 부르짖음을 듣지 아니하겠고 번제와 소제를 드릴지라도 내가 그것을 받지 아니할 뿐 아니라 칼과 기근과 염병으로 그들을 멸하리라.'라고 했다. 그리고 스가랴 7장 5절에 '온 땅의 백성과 제사장들에게 이르라. 너희가 칠십 년 동안 오월과 칠월에 금식하고 애통하였거니와 그 금식이 나를 위하여 나를 위하여 한 것이냐'라고 했다.

금식의 목적이 하나님을 위한 것이기보다는 자기 목적 달성을 위한 수단으로 전락한 것에 대하여 일침을 놓은 것이다. 금식도 사실은 주님을 위해서 하는 자세가 필요하다는 것이다. 그 뒤 6절에서는 '너희의 먹으며 마심이 전혀 자기를 위하여 먹으며 자기를 위하여 마심이 아니냐'라고 했다. 그렇다면 어떻게 해야 할까? 금식을 자기 목적 달성을 위해서보다는 하나님의 영광을 위하여 하는 자세가 필요하다. 그리고 7절에서는 '여호와가 이전 선지자로 외친 말을 너희가 청종할 것이 아니냐. 그때에는 예루살렘과 사면읍에 백성이 거하여 형통하였고 남방과 평원에도 사람이 거하였었느니라'라고 했다. 무엇보다 선지자를 통하여 주신 말씀을 청종하는 것이 금식보다 더 중요하다는 것이다.

이스라엘 백성은 하나님께 '이제는 해방을 받아 예루살렘에 돌아왔으니 금식할 필요가 없지 않습니까?'라고 질문했다. 이들은 바벨론 포로 70년 동안 많은 금식기도를 드렸다. 예루살렘의 함락과 성전의 잿더미가 된 것을 안타까워하며 금식한 것이다. 이에 하나님의 답변은 너희가 예루살렘 함락 전에 선지자들의 말에 순종하였더라면 금식할 필요도 없고 예루살렘도 안전하였을 것이라고 한 것이다. 부언코자 하는 것은 과거에 나는 금식하면서 기도를 안 하면 밥만 굶는 거지, 그게 무슨 금식기도냐고 하면서 설교한 적이 있다. 물론 틀린 말은 아니지만, 꼭 그렇지만은 않다. 어떤 기도 제목을 가지고 묵상하며 배고픔의 고난에 동참하는 그 자체만 해도 훌륭한 신앙의 행위라고 생각해 본다.

Chapter 06

－

믿은 대로 된다는데

－

아동문학가이시고 우리나라의 많은 동요를 지으신 은퇴 목사님이 나한테 할 얘기가 있으니 식사나 같이하자고 해서 만났다. 인사 정도나 하는 사이지, 밥을 같이 먹을 만큼 가까운 사이는 아니었는데 어르신이 요청한 일이라 약속된 장소에 나갔다.

"목사님, 본론 말하기 전에 여담 먼저 할 테니까 농담으로 들어주시기 바랍니다. 제가 목사 되기 전 관상을 좀 봤습니다. 대학도 그쪽 비슷한 데를 다녔고요. 그래서 제가 옛날 실력(?)으로 목사님 관상을 봤습니다. 하하."

"아, 그래요? 궁금하니 어서 말씀하시죠."

"황 목사님은 젊은 시절이 힘들었습니다. 조실부모했거나 고아이거나 그렇고요. 그래서 고생을 많이 했습니다. 그런데 말년 운은 아주 좋습니다."

"으하하."

난 그분의 관상 얘기가 '맞다', '틀리다'를 말하지 않고 그냥 호탕하게 웃었다. 어느 정도 맞는 부분도 있기는 한데, 난 그 말을 다 믿지 않고 반만 믿기로 했다. 기왕이면 중년부터 운이 좋다고 했으면 다 믿겠는데 농담이긴 해도 말년이 좋다고 했으니 말년까지 기다리기가 지루해서였다.

사람이 믿은 대로 된다는 것은 성경에 나오는 얘기다. 정말 믿은 대로 되는 사례는 심심치 않게 목격되기도 한다. 그 실례로 다음과 같은 얘기도 있다.

어떤 사람이 실수로 그만 냉동 창고에 갇혔다. 진짜로 온몸이 추워지고, 답답하고, 숨을 쉴 수가 없고 큰일이 났다. 누가 밖에서 열어 주기 전엔 끝장이다. 정말 환장할 일이다. 문을 열고 나갈 수 있는 것이 아니었다.

결국 그 이튿날 그 사람은 시체로 발견됐다.

그런데 놀라운 건 그 냉동 창고는 전원이 꺼져 있어서 냉은 전혀 흐르고 있지 않았다. 다만 이 사람이 거기 갇히자마자 절망한 나머지 '이젠 끝장이다.'라고 죽는다고 굳게 믿었던 것이고, 그렇게 믿은 대로 죽은 것이다.

사람이 때로는 터무니없는 걸 믿고 낙심하기도 하고 열을 받기도 하고 심지어는 자살을 하기까지 하는 사례도 있다. 어처구니없는 일이다. 이런 유사한 일들이 왕왕 벌어진다. 잘못된 정보를 진짜로 믿고 있는 사람한테 바른 정보를 얘기해 주면 외려 역공이다. 그런 사람한테는 딱히 대안이 없다. 이것은 마치 서울 갔던 사람하고 안 갔던 사람하고 싸우면 안 갔던 사람이 이기는 경우이다.

사람의 육체는 자신이 믿는 대로 세포가 움직인다. 환자가 '다 틀렸다.'고 믿으면 세포가 활동에 힘을 잃어 버린다. 그러나 반드시 살 거라고 굳게 믿으면 몸의 세포도 그렇게 움직여 준다는 것이다. 그래서 의사들이 좋은 의술도 중요하지만, 환자에게 희망을 갖게 하는 것이 치료에 절대적인 도움이 된다는 것을 강조하고 있다.

가족 중 한 사람이 병들면 온 집안이 근심과 걱정에 빠진다. 긴 병에 효자 없다고 집안은 참으로 힘든 나날이 된다. 그래도 길은 있다. 중요한 것은 그런 중에도 희망을 잃지 않는 것이다. 뜻밖의 기적이 있다. '그런 기적이 나한테까지 오겠어?'라고 자신을 예외시키는 일도 하지 말아야 한다. 그 기적의 주인공이 바로 나라고 믿고 나아가야 한다. 복음서에 보면 예수께서 백부장의 믿음을 보시고 '네 믿은 대로 될지어다.'라고 축복하신 기록이 있다.

믿음은 중요하다. 그런데 그 믿음이 어떤 믿음이냐 하는 것이다. 사이비 종교를 믿는 믿음도 그들 나름대로 믿음인데 끝이 안 좋다. 이단이란 말 자체가 끝이 다르다, 바르지 않다는 뜻이다. 다시 말하면 열매가 아름답지 못하다는 것이다. 바른 믿음을 갖자.

Chapter 07
—
외모도 경쟁력이라지만
—

힐러리가 대선 치르느라 바짝 늙은 모습이 전 세계에 타전됐다. 경쟁 후보가 자꾸 바짝바짝 추격해 오는 것이 어쩜 피를 말리는 일일 수도 있을 것이다. 그러다 보니 평소보다 더 빠른 속도로 늙는 것이다. 요새 집 짓는 건 돈만 있으면 뚝딱 짓지만, 옛날엔 집 한 채 지으면 바짝 늙는다고 했다.

늙어도 곱게 늙는다는 말이 있다. 두 가지 의미라고 본다. 하나는 실제로 얼굴이 나이를 먹긴 했어도 곱상하게 흉하지 않게 늙는 스타일이다. 또 하나는 추한 모습을 보이지 않고 젊었을 때의 건강한 정신력을 유지하는 것이다.

가는 세월 잡을 수 없고 쭈그러드는 얼굴 막을 장사 없다. 나이를 먹으면 먹은 만큼 늙는 것은 정한 이치인데 그런데도 늙는 것이 서글퍼질 때도 있다. 사람은 20대 중반까지가 피크이고 그 후부터는 조금씩 늙어 간다.

늙어 보이는 것을 피하려고 보톡스 맞아 주름을 제거하고 쌍꺼풀

수술을 해서 예뻐지겠다는 집념은 우리나라가 단연 세계에서 톱이란다. 요새 수능 끝나고 고3 학생들이 성형수술 바람이 불어 업계는 대바겐세일이다. 가격 인하를 단행하니 너도나도 이 판에 해야 하는 것처럼 강박관념을 갖고 있다.

이런 바람, 이런 유행이 과연 건강한 사회 현상인가 의아스럽다. 신체에 보기 흉한 부분이 있다면 당연히 수술해서 바로잡아 자신감 있게 사는 건 좋지만, 단순히 조금 덜 예쁘다는 것 때문에 깎고, 조이고, 붙이고, 이렇게 해서 인조 미인이 되려는 건 좀 그래 보인다. 특별한 경우가 아니라면 조물주가 결재한 대로 사는 것이 잘하는 일이라 생각된다.

다만 자신의 처지에서 최대한 단정한 차림을 하는 것은 상대방에 대한 예의요 사회생활을 하는데 기본 에티켓이다. 그렇게 하는 것은 자신의 경쟁력을 키우는 효과를 가져온다. 모 그룹 회장은 시력은 좋지만, 멋으로 안경을 착용하고 다닌다고 한다. 자신의 멋이 자기 회사 경쟁력과 관계가 있다고 그는 말한다.

미국의 한 심리학자가 재미있는 실험을 했다. 공중전화 부스 동전 반환구에 동전을 놓아 두고 실험 보조자는 약간 떨어져서 전화 부스를 관찰한다. 사람들이 통화를 끝내고 그 동전을 자기 주머니에 집어넣으면 실험 보조자는 그에게 다가서서 이렇게 얘기한다.

"제 동전이 거기 있었을 텐데 혹시 보지 못했습니까?"

이때 남자 실험 보조자들은 넥타이를 맨 정장 차림이거나 도시락 가방을 든 허름한 작업복 차림이있다. 여자 실험 보조사들은 산뜻한 정장 코트 차림이거나 허름한 블라우스와 스커트 차림이었다.

실험 결과 정장 차림의 실험 보조자들에게 동전을 돌려주는 경우가 허름한 차림에 비해 2배나 더 많았다. 복장을 바꾸면 이처럼 평가가 달라진다. 복장을 바꾸면 우리의 태도와 행동도 그에 걸맞게 달라진다는 것이다. 평소에는 점잖던 사람도 예비군복을 입으면 행동거지가 달라진다. 깔끔한 셔츠에 넥타이를 매고 단정하게 정장을 차려입었을 때와 수염도 깎지 않은 헝클어진 머리에 털털한 차림으로 다닐 때는 자세뿐 아니라 사용하는 말투도 달라진다. 우리의 차림새는 우리를 바라보는 사람의 평가뿐 아니라 우리 자신의 태도까지도 바꾼다.

사람의 인상은 만난 후 3초 만에 평가된다고 한다. 단정하고 깔끔하게 자신의 외모를 가꾸는 일은 중요하다. 외모 관리를 잘하는 것도 경쟁력을 키우는 일이다. 그래서 요새 S라인 만드느라 비지땀을 흘리는 여성들이 많다. 하지만 지나친 외모지상주의는 바람직하지 않다. 그렇게 하려면 그만큼 부지런을 떨어야 한다. 할 수만 있다면 돈 들이지 않고도 깨끗하게 자기 자신을 관리하여 남한테 늘 신선한 모습으로 나아가자. 그러면 그만큼 사회로부터 인정받는 그릇이 될 것이다.

Chapter 08

나의 생일을 알리지 마라

-

밥 먹고 살기 힘들었던 어린 시절 생일을 기억하고 챙기는 사람들은 많지 않았다. '해피 벌스데이 투유'가 요즘 얘기지 옛날에야 그게 뭔 소린지도 몰랐다. 몇 년 동안도 계속해서 생일을 모르고 지나는 이들이 태반이었다. 어쩌다 기억한다면 잘해야 미역국에 김치 정도지 그 이상은 할 게 없었다.

그런데 요새 사람들 보니까 생일이 잔칫날 수준이다. 아이들 생일은 더 세게 한다. 초등학생들이 벌써 초청장 보내고 엄마들이 나서서 어디 모여서 축하해 주고 난리다. 더 세게 하는 집은 아예 뷔페에 예약을 하고 잠깐이지만 밴드까지 동원된다. 그만큼 살기가 좋아졌다는 것이어서 좋아 보이기도 하지만 어떤 땐 너무 심한 경우도 본다.

결혼하고 나서 생일을 아내가 챙기기도 했다. 감사하고 기쁜 일이지만 한편으론 오랜 세월 생일과 상관없이 살다 보니 생일을 챙기는 것이 오히려 어색할 때도 있었다.

그러다가 교회를 개척하고 성도가 하나둘 늘어 백여 명의 가족이 되니, 언제부터인지 내 생일 날 교인들이 집에서 반찬 한두 가지씩 준비하여 주일 예배 후 함께 식사했다. 그래 봤자 어차피 점심 먹는 데다 반찬 몇 가지 더 놓는 거지만 그것이 즐겁지만은 않았다. 나보다 연세가 높으신 어르신들도 계시는데 단순히 목사라는 것 때문에 생일상을 받는다는 게 내 마음을 불편하게 했다.

해마다 '올해부터는 하지 말라고 해야지.' 하고 생각하다가 그만 생일을 맞고 또 맞는다. 요번엔 정말로 정신 차리고 있다가 하지 말라고 해야겠다 싶어 미리 여전도회장한테 당부를 했다. 그랬더니 "아이들 생일도 챙기는데 목사님 생일은 당연한 거 아니냐?"라고 한다. "아이들이나 성도들은 당연히 축하해 줘야겠지만 난 다르다."고 했다.

어쨌든 나를 위해서 차리는 생일상이 나를 불편하게 하니 진정으로 하지 말고 정히 마음이 찜찜하면 5만 원만 달라고 했다. 그걸로 밥 사 먹겠다고 했다. 내가 밥을 많이 먹는 사람도 아니고 그래서 큰돈도 필요하지 않다는 얘기다. 그래서 요번엔 다행히 무사히 지나갔다. 앞으로도 계속 그럴 작정이다.

난 생일을 음력으로 쇠는데 한 해 끝자락이라 어느 핸 생일이 두 번 돌아오고 어느 핸 한 번도 없는 해도 있다. 바로 올해가 두 번 있는 해다. 물론 계절로 치면 한겨울에 한 번이지만 말이다.

이순신 장군이 '나의 죽음을 알리지 말라.'고 했다는데 난 측근들한테 '나의 생일을 알리지 말라.'고 당부를 했다. 누구든지 알면 준비할 게 뻔하기 때문이다. 그러고 보니 내가 뭐 이순신 장군이라도 된 기분이다.

생일날 축하를 받기도 해야 하겠지만, 진짜 생일날 해야 할 일은 자기를 낳아 키워 주신 부모님께 감사드리는 것이 도리일 듯 싶다. 내가 태어난 날이기도 하지만 어머니로서는 해산의 고통을 감수하신 날이니까 말이다. 그러니까 축하를 받는 것과 아울러 고통 가운데 낳아 주신 부모님을 찾아뵙는 게 맞는 얘기일 게다.

—

Chapter 09

힘들여 후진했는데

—

전 국민 마이카 시대에 살고 있다. 아니, 집은 없어도 차는 있고 사람이 망해도 가장 마지막까지 붙잡고 있는 것은 자동차란다. 그렇게 자동차가 필수품이 됐고 숫자도 많다 보니 운전자들끼리 지켜야 할 예절도 아주 중요한 일이 됐다.

일전에 갑자기 안양에 볼일이 생겼는데 내 승용차를 정미가 끌고 나가는 바람에 어린이집 승합차를 몰고 나갔다. 늘 자가용만 운전하다 몇 년 만에 승합차를 운전하려니 어색하다. 그래도 신기한 것은 자연스럽게 운전이 된다는 것이다. 몇 년 새 오토매틱에 익숙해졌는데 스틱에 올라앉으니 여전히 거기에 맞춰 발이 움직여진다. 아무리 생각해도 신기하다. 그렇게 자동일 수가 없다.

볼일 마치고 돌아오는 길이다. 막다른 골목을 거의 빠져나가는데 승용차가 들어온다. '아차, 저 사람 들어오면 안 되는데…' 하는데 그 뒤로 또 한 대가 들어온다. 그 뒤를 보니 대로라 버스들이 쉴 새 없이 다닌다. 앞차의 후진이 간단치 않아 보인다.

'이런 젠장!' 하고 나는 차를 멈췄다. 앞을 보니 여성 운전자다. 뒤로 뺄 생각은 꿈에도 없고 그렇다고 나보고 뺐으면 좋겠다고 죄송해 하는 표정도 아니다. 당최 나보고 어쩌라는 것인가.

잠시 적막이 흘렀다. 언제까지 그러고 서 있을 수도 없고 보아하니 그 운전자가 후진해서 처리해 줄 것 같지도 않고 해서 내가 기사도 정신을 발휘하여 후진하기로 했다. 그런데 그 길이가 만만치 않다. 게다가 양옆으로 주차된 차 사이로 빠져나가기가 나 같은 베테랑(?)이 아니고서야 어찌 가능이나 하겠는가 하는 생각이 들었다.

그런데 그렇게 곡예 운전으로 한참을 빼 주었는데 내 앞에 있던 여자는 눈길 한번 안 주고 그냥 가버렸다. 이 허무함! 괘씸함! 달랠 길이 없다. 화가 치밀어 올랐다. 쫓아가려다 '나이 한 살 더 먹은 내가 참아야지.' 하고 말았다.

그날 기분은 영 아니었다. 거긴 일방통행이 지정되어 있지 않아 아무나 먼저 들어간 사람이 주행권이 있다. 하지만 이미 내가 거의 마지막 부분까지 갔기에 내 주장으로 하면 그냥 밀고 갈 수도 있었지만 양보한 것이다.

그렇다면 최소한 손 한 번 들든지 경적 한 번 울려 주든지 윙크(?) 한 번 날려 주든지 했어야지 어쩌자고 그냥 가느냐 말이다. 그래서 욕을 잡수시는 것(?)이 아닌가.

운전 예절은 선진국 문화 시민의 기본이고 운전 조심은 암만 강조해도 지나치지 않다. 잘 달리는 것이 잘하는 것이 아니라 사고 안 내고 안전 운행하는 것이 제일 잘하는 것이다. 서로서로 양보하고 도와주고 예의 지켜서 밝고 명랑한 교통 문화가 정착되기를 소망한다.

Chapter 10

–

운동, 왜 낮에 해야 하나?

–

　흔히 아침 일찍 일어나서 맑은 공기 마시면서 운동을 하면 좋다고 하는데 사실은 일찍 일어나자는 얘기지 아침 공기는 썩 좋은 공기는 아니다. 물론 일찍 일어나는 건 좋은 일이지만 이른 아침 공기는 좀 덜 깨끗함을 알아야 한다.

　현재는 과거보다 현저하게 몸을 덜 움직이는 세상에 살고 있다. 세상이 급속도로 산업화되고 기계화되다 보니 사람이 힘으로 할 일이 많이 줄어든 것이다. 그리고 우리나라는 잘사는 나라가 돼서 섭취하는 음식이 대충 먹어도 고영양인 시대에 살고 있다. 따라서 우리의 음식물 섭취와 에너지 방출이 균형을 이루지 못하면 푸석푸석한 살이 될 뿐 단단한 근육을 이루지 못하게 된다. 그래서 요즘 아이들 허우대는 과거보다 훨씬 커졌는데 체력은 뼈다귀만 날카롭게 튀어나왔던 옛날 사람들만도 못하다는 것이다. 결국 살은 비만으로 이어지고 비만은 각종 성인병의 원인이 되고 있다.

　그래서 최근 한국 사회에 일고 있는 운동 바람은 아주 좋은 바람이다. 언제 가도 산에 사람들이 꽉 차 있는 걸 보면 이 나라의 건강을 보는 듯하여 기분이 좋다. 살을 근육으로 만드는 것은 무조건 운동이다. 사람이 살로 비만화되면 보기엔 좋을지 모르지만, 건강엔 적신호다. 전에 의사 선생님이 나한테 충고하기를 허리띠 한 칸 늘어나는 것은 수명 1년을 단축하는 것이라고 했다.

운동으로 열량을 방출시켜야 한다. 그런데 운동은 밤 시간대보다는 낮 시간대가 효과 면에서 우월하다. 공기는 햇빛으로 인하여 열을 받으면 부피가 팽창하여 밀도가 낮아진다. 그러면 자동으로 공기가 위로 올라가는 데 그때 자동차들이 내뿜는 매연이나 공장 연기, 보일러 가스 등 인체에 유해한 공기들을 끌고 공중으로 올라가게 된다. 그런데 해가 지고 밤이 되면 복사 냉각이라고 지면 근처가 천천히 냉각되면서 온도가 낮아지게 된다. 그렇게 되면 공기가 위로 올라가지 못하고 정체되어 공해 물질들이 지면 근처에 머물러 있게 되므로 밤공기는 사실상 깨끗한 공기가 아니다. 이 상태가 아침 해 뜨기 전까지 이어진다고 보면 된다.

그러니까 이른 아침에는 아직 해가 뜨지 않은 시간이기 때문에 지면이 열을 받지 못해서 온도가 높지 못하다. 그래서 공해 물질들도 지면 근처에 있을 때이다. 그런 상태에서 운동을 하고 숨이 차서 거친 호흡을 하게 된다면 그것들을 고스란히 다 들이마시게 되므로 당연히 몸에는 좋지 않은 것이다. 그래도 시간이 그때밖에 안 되는 사람들은 그때라도 하는 것이 물론 좋다. 같은 값이면 낮이 좋다는 얘기지 전혀 무익하다는 것은 아니다. 해가 뜨고 지면의 온도가 올라가면 다시 공해 물질들도 위로 올라가게 된다. 따라서 시간이 밤밖에 안 된다면야 어쩔 수 없겠지만 가능하면 해 지기 전 시간을 만들어서 운동을 하는 것이 훨씬 효과적임을 염두에 두라는 것이다.

특히 겨울철 야간이나 새벽엔 야외 운동보다는 차라리 실내 운동이 나을 수도 있다. 어쨌든 현대인들은 아무리 바빠도 시간을 내서 운동을 해야만 한다. 물 마시는 것도 물이 먹혀서 먹는 것보다도 먹어야 하므로 의도적으로라도 많이 먹어야 하는 원리와 마찬가지다. 운동도 해야 하므로 해야 되는 것이지, 그것이 막 당겨서 하고 싶어서만 한다는 것은 자칫 게으름이 될 수 있다. 꾸준한 정신력을 가지고 운동을 지속적으로 하여 건강한 신체를 유지할 때 건강한 정신이 있게 마련이다.

Chapter 11

성경적 자녀 양육법

모 잡지에서 13세부터 18세 청소년 323명을 대상으로 어머니의 잔소리에 대한 설문 조사를 실시했다. 1위 'TV 그만 보고 공부 좀 해라.', 2위 '제발 방 좀 치우고 살아라.', 3위 '빨리 일어나라.', 4위 '아무개는 뭐 한다더라.', 5위 '집에 일찍 들어오너라.'였다. 어느 집에서나 볼 수 있는 일이다.

그런데 잔소리를 듣고 버릇을 고치는 데 도움에 됐다는 아이들은 놀랍게도 9%밖에 안됐다. 그렇다면 잔소리하는 사람만 허공을 쳤지, 듣는 아이들한테는 소위 약발이 안 섰다는 얘기다. 그렇다고 잔소리 무용론을 얘기하는 것이 아니다. 이 말은 잔소리보다 칭찬과 격려의 비중이 훨씬 커야 한다는 얘기고 그렇게 유도하는 것이 교육적 효과를 낼 수 있다는 것이다. 하나님이 인간을 향한 축복은 수천 대요 잘못에 대한 지주는 자손 삼사 대라고 구약에 말씀했다. 이와 같은 비율을 참고하라는 것이다. 칭찬과 격려로 마음 문을 열 수 있고 마음 문이 열려야 교훈이 받아들여지는 것이다.

'스키너'라는 심리학자는 칭찬받는 동물이 그렇지 않은 동물에 비하여 훨씬 더 빨리 동작을 배운다는 것을 실험을 통하여 증명하였다. 동물원 쇼나 돌고래 쇼 하는 것을 보라. 그것들이 칭찬해 주니까 필사적으로 연습해서 사람을 놀라게 한다. 그러므로 특히 아이들한테 "나가 죽어라. 네가 뭐, 하는 것이 있어야지."라는 말 대신에 저들의 꿈과 소망을 칭찬해 주고, 축복을 퍼붓자.

잘한다, 잘한다, 칭찬하면 용기를 얻어서 더 잘하게 된다. 교사가 어떤 학생을 '우수할 것이다.'라는 기대를 하고 가르치면 그 기대를 받은 학생은 다른 학생보다 더 우수하게 될 확률이 높다는 이론이다. 자식은 부모의 기쁨이다. 한국의 학부모들은 많은 경우 자녀의 학교 성적으로 인해 기분이 좌우된다.

다음은 성경에서 말하는 어린이 양육법이다.

첫째, 사랑해야 한다. 어린이는 사랑으로 태어나고 사랑을 먹고 자란다. 그런데 안타깝게도 현재 우리 부모들은 자녀를 잘못 사랑하고 있는 경향이 있다. 우리나라의 부모들은 모두 과잉보호에 열을 올리고 있다. 자립심을 막고 있다. 누구든지 내 자식한테 손을 대면 조폭이라도 동원하는 심정이다. 자식에 대한 지나친 사랑이 자식을 오히려 망치는 결과를 가져올 수도 있다. 과잉보호와 물질 제공을 사랑으로 알고 있지만, 그것은 아주 지엽적인 것에 불과하다. 어린이에게는 가족의 사랑이, 어른들의 사랑이 더 중요하다. 남의 자식이라도 그 아이의 이름을 기억하고 불러 줘라. 아이의 이름을 부르고 함께 놀아주고 따뜻하게 안아 주는 것은 어른들의 할 일이다.

철학자 '소크라테스'가 늙고 병이 들자 제자들이 모여서 "선생님, 마지막으로 가장 중요한 메시지 하나만 들려주십시오."라고 부탁드렸다.

그러자 소크라테스는 눈을 감은 채 말했다. "내가 마지막으로 아테네 산 꼭대기에 올라가서 시민들에게 크게 외치고 싶은 말이 있다." "그것이 무엇입니까?" 제자들은 다시 물었다. 그때 소크라테스는 "사람들이여! 재물을 모으는 일에만 충실하지 말고 그것을 물려받을 어린이들에게 좀 더 많은 사랑과 정성을 쏟으라. 이것이 내 일생을 통해 얻은 가장 고귀한 교훈이오."라고 대답했다는 것이다.

둘째, 가르쳐야 한다. 부모는 자식을 교육시킬 책임과 의무가 있다. 학교도 보내고 하나님의 말씀도 부지런히 가르쳐야 한다. 성경은 '네 자녀에게 부지런히 가르치며 집에 앉았 있을 때든지, 길에 행할 때든지, 누웠을 때든지, 일어날 때든지, 이 말씀을 강론할 것이며'(신6:7)라고 했다. 놀랍게도 위인 87%는 성경을 아는 이들이다.

지금 우리의 자녀들이 얼마나 죄악된 환경에 노출되어 있는지 모른다. 안타깝게도 한국은 음란, 자살, 도박 등 인터넷 유해 사이트 수가 세계 2위란다. 자녀에게 말씀을 가르치는 것은 어릴수록 좋다. 어린 자녀들이 말씀을 이해하지 못한다고 생각하면 착각이다. 자녀가 잉태되었을 때부터 부모는 태교를 한다. 서양 속담에 '자식을 빌어먹게 하려면 재산을 남겨 주고 자식을 성공시키려면 신앙과 신념을 넣어 주라.'는 말이 있다. 또한 부모는 본을 보임으로 자녀에게 가르쳐야 한다. 자녀는 부모의 말로 자라는 것이 아니라 부모의 뒷모습을 보고 자라는 것이다. 성실하게 사는 부모님의 뒷모습을 본 자녀는 반드시 성공해서 부모의 은혜를 갚겠다고 다짐할 것이다.

셋째, 축복해야 한다. 성경에 예수님께서 손을 들어 축복하신 예가 두 군데 있다. 승천하기 전에 제자들을 축복하신 것과 어린이를 축복하신 것이다. 다른 사람한테는 머리에 손 얹고 기도해선 안 되지만 내

자식한테는 괜찮다. 자녀들에게 '공부하라.'고 잔소리하는 건 줄이고, 큰 인물 되라는 축복의 말을 날려 주자. 하루 한 번 이상 칭찬해 주고, 기도해 주고, 축복해 주자.

Chapter 12

설교, 그 무한한 숙제

　어떤 분이 청년 시절 그가 출석하는 교회의 목사님이 설교를 너무 못하시고 길게 하는 것이 못마땅했다. 그래서 속으로 '내가 신학교 가서 목사가 돼 가지고 제대로 좀 해야겠다.'는 마음이 발동해서 결국 신학교에 갔고 그래서 목사가 된 분이 있다. 난 그 얘길 듣고 '하나님이 당신의 종으로 부르시는 방법도 가지가지구나.' 하는 생각을 했다. 여러 부류의 사람이 모인 교회에서 모든 회중이 만족할만한 설교를 한다는 게 쉬운 일은 아니다. 사람마다 좋아하는 스타일, 학력, 취미, 성향이 모두 다르다. 그런 사람들을 향해 설교할 때 어디다 초점을 맞추고 설교를 해야 할까. 그날 참석한 사람들을 모두 은혜 충만하게 한다는 것이 참으로 어려운 미션이다. 그런데 난 재주가 부족해서 늘 마음뿐이지 홈런을 때리지 못하고 있다.

　요새 교계 뉴스를 보니 어떤 목사님은 설교를 잘해서 개척 몇 년 만에 몇천 명 성도가 모여 '지성전'을 한꺼번에 몇 개 세우고 난리이다. 그 교회가 그렇게 하는 걸 지역 교회들은 곱지 않은 시선으로 보고 있다. 이것은 마치 대기업이 중소기업을 다 잡아먹는 것 같은 위화감마저 든다는 것이다. 그런데 난 지성전은 그만두고 본성전 하나도 다 채우지 못하고 있다. 아무래도 내 설교가 시원치 않은 것 같은 생각이 든다. 목회를 시키시려면 먼저 이 종을 기가 막힌 설교가로 만드신 다음에 하셨어야지 이게 뭐냐고 하나님께 따지고 싶은 심정이다.

복음이 생활과 접목이 안 된다면 그 설교는 아무리 잘했어도 그냥 잘한 설교지 성도의 심령을 부흥시키는 설교는 되지 못할 것이다. 소위 생명이 살아나는 그런 설교를 해야 할 텐데 말이다. 그래서 나는 생활 속에 있었던 평범한 이야기를 복음과 연관 지어 말씀을 전하는 일을 주로 오후 예배나 저녁 기도회 때 자주 그렇게 했다. 그것은 예수님의 설교가 일상에서 일어난 일들을 소재로 삼은 것에서 착안한 것이다. 그런데 그걸 싫어하는 사람도 있고 좋아하는 사람도 있다. 싫어하는 분은 오직 성경 얘기만 하라는 거룩하신(?) 분인 것 같다.

예수를 좀 고행적으로 믿는 분들이 있다. 소위 율법적으로 말이다. 어떤 목사님이 TV 설교 중에 유행가를 부르면 '확 트인 목사님'이라고 하고 은혜롭다고 하고 복음성가 같다고 한다. 그런데 자기네 교회 목사가 그렇게 했을 땐 날라리라고 한다면 그것은 이율 배반적인 얘기이다. 목사가 설교를 성경만 얘기하면 딱딱하다고 하는 분도 있고 유머 있게 하면 거룩함을 훼손시킨다고 생각하여 절대 근엄 모드를 취하고 헛기침을 해 대는 분도 있다. 특히 연세가 드신 분들은 더 그럴 수 있다.

나는 신학적으로 문장적으로 흠 잡을 수 없이 완벽한 설교를 만든다는 자부심을 가지고 준비하는데도 딴지가 걸린다면 참으로 힘이 빠질 것 같다. 어쩌면 이것은 사모의 경우도 비슷할 수 있다. 사모가 조용히 내조하는 분이면 '사모님은 재주도 없냐?'고 하고, 나서서 뭘 하면 '사모가 너무 설친다.' 하고, 검소하게 살면 사모가 후줄근하다고 하고 깔끔하게 입고 있으면 '사모가 사치스럽다.'고 말이 될 수 있다. 그렇다면 어디다 기준을 맞추어야 하는 걸까.

그런데 앞에 말씀한 그 목사님도 목회가 자기가 하면 휘날릴 줄 알았는데 막상 해 보니 교회 부흥이 엿장수 마음대로 안 되더란다. 그래서 결국 목회 때려치우고 다른 사역을 시도했는데 그 선교 사역 역시 만만치 않아서 이제는 코가 납작해졌다는 것이다. 똑같은 회중을 상대로 평생을 설교한다는 것이 축복이기도 하고 고역일 수도 있다. 지식만 가지고 안 되는 것이 설교이다. 끊임없이 연구하고 기도하여 영성을 얻어야 온 성도를 만족시킬 수 있는 은혜 충만한 설교를 할 수 있을 것이라는 생각을 하면서 오늘도 그에 부응하지 못하는 나 자신을 질책한다.

Chapter 13
—
한글 파괴를 우려한다
—

세종대왕의 두드러진 업적이 몇 개 있지만, 그중 하나는 단연 한글이다. 그는 오랜 연구 끝에 집현전 여러 학자의 도움을 받아 1446년에 한글을 창제 반포하였다. 우리 민족은 옛날부터 우리말은 쓰고 있었으나 우리 글자가 없었다. 그래서 중국의 한자를 사용했으나 표현하기도 어렵고 배우기도 힘들었다. 그래서 백성들이 어려운 한자를 쓰는 것을 늘 안타깝게 생각하여 세종은 우리말에 알맞고 백성들이 쉽게 배울 수 있는 글자를 만들기 위해 집현전 학자들과 함께 훈민정음을 만든 것이다. 한글은 소리글자로서 매우 과학적인 원리에 의해 만들어진 글자다.

훈민정음의 완성과 동시에 용비어천가, 월인천강지곡 등 많은 서적을 만들었고 관리들이 훈민정음을 익혀 행정 실무에 응용하게 하였다. 훈민정음은 배우기 쉬워 한문을 모르는 일반 백성에게까지 문자 생활이 확대되는 길을 열어 놓아 우리 민족의 문화적 바탕을 높이고 문자 생활의 풍부함을 가져온 역사적 쾌거가 아닐 수 없다.

세종대왕은 백성을 하늘처럼 알고 섬겼다. 그는 절대군주로서 자기 자리를 결코 당연한 것으로 여기지 않았고 백성들의 형편을 널리 살펴 풀어 주고자 했으며 결코 독재와 강압이 아닌 백성들과 소통하는 정치를 했다. 뭐니 뭐니 해도 세종이 한 나라의 임금으로서 자기 정치 생명을 걸고 문자를 만들어 준 사실은 감동 또 감동이다. 그는 많은 책을 읽고, 직접 사람들의 입모양과 발음기관을 관찰해 수많은 임상실험을 거쳐 한글을 만든 것이다.

그런데 작금의 현실은 한글의 중요성을 인식하지 못하고 배우고 익히고 지켜 나가야 하는 역사적 사명을 망각하고 있다. 특히 세계화, 국제화 시대라는 이름 아래 필요 이상 무분별한 외래어, 특히 영어 남용은 제동 장치가 풀린 수준이다. 특히 정부나 공기업에서조차 이런 식으로 나간다면 머지않아 한글은 다 파괴되고 말 것 같은 우려감마저 든다.

금융 기관들도 세계화에 발맞춘다고 국민은행은 KB로, 농협은 NH로, 외환은행은 KEB로, 기업은행은 IBK로 바꿨고, 공기업들도 철도공사는 Korail로, 담배인삼공사는 KT&G로, 서울도시철도공사는 Seoul Metro로 바꿨다. 서울시의 'I·SEOUL·U'를 비롯해 'Colorful DAEGU', 'G&G PAJU' 등 지방자치단체들도 앞을 다투어 영어를 앞세우고 있다. 꼭 그래야만 하는 것인지 이런 일련의 사례들이 영 고개를 갸우뚱하게 만들고 있다.

나도 영어를 잘하고 싶고 흠모하는 사람이지만 우리말이 있고 영어가 있는 것이지 김치 먹고 된장찌개 먹으면서 한글도 제대로 모르고 혀 꼬부라진 소리만 낸다고 어찌 우러러볼 일이겠는가. 한글을 사랑한다고 외국어나 외래어를 쓰지 말자는 얘기가 아니다. 다만 아무런 의

미도 없이 필요 이상으로 영어를 남발하는 건 주체성 없는 행동이다. 한글을 생명처럼 만들고 지켜온 사람들의 은덕을 입은 우리가 그 가치를 짓뭉개서야 되겠느냐는 것이다.

덧붙여 요새 아이들이 쓰는 용어를 바로잡아 주어야 할 어른들이 주체성 없이 그걸 따라 한다. 이건 시대의 변화이다. 옛날엔 어른들의 말은 곧 법이었는데 요샌 아이들이 상전이다. 그렇다고 아이들의 언어를 그렇게 쉽게 써버리면 나중에 한글은 어떻게 되겠는가 걱정이 된다. 가령 '훨씬'을 '훨'로 '완전히'를 '완전'으로 '섹시하다.'를 '예쁘다.'는 칭찬으로 약간 의미가 좌경화(?)된 상태를 맞는 말처럼 쓰고 있다. 지금 아이들이 한글을 파괴하여 사용하는 언어가 하나둘이 아닌데 그걸 어떻게 바로잡아 주어야 할지 걱정이다.

그리고 통신언어도 문제다. 인터넷상에서만 그리고 그것이 통할 수 있는 사람들끼리 재미로 쓰는 건 좋지만, 공식 문서에 심지어는 리포트, 논문, 공문서, 심지어 이력서까지 파괴된 언어로 등장한다면 세종대왕님이 땅을 칠 노릇이다.

한글 사랑 운동으로 한글 옷을 만들어 보급하는 것도 좋겠다는 생각이 든다. 뜻도 모르면서 영어 옷 입고 다니느니 한글로 디자인한 옷을 입는다면 차라리 우리의 정체성을 지켜 나가는 좋은 본보기가 될 듯하다.

–

Chapter 14

삼손의 위기관리

–

우스갯소리지만 여자들이 목욕탕에서 목욕하는 시간이 남자들보다 현저히 많은 것은 재료가 다르기 때문이라고 한다. 남자들은 흙으로 만들어졌기 때문에 물에 약하여 때가 바로 풀어지는데, 여자들은 재료가 본디 뼈이기 때문에 오래도록 푹 고아야 때가 풀린다고 한다. 그래서 그런지 사실 남자는 목욕탕에 가면 30분이면 끝내는데 여자들은 1시간 이상을 한다. 그뿐만 아니라 여자들은 만들어진 재료가 달라서 관리도 다르다는 것이다. 뼈다귀로 만들어진 여자들이 훨씬 더 강하다는 것이다. 그래서 약한듯하면서도 오래 살고 지구력도 강하다는 것이다.

그런데 삼손은 그런 강함과는 비교할 수 없는 강함이 있었다. 그렇지만 나실인으로서의 체통을 지키지 못하여 그만 그 힘을 잃었던 때가 있었다. 그러나 그는 다시 또 그 힘을 되찾았다. 그래서 그리스도인은 실패하지 않는다. 쓰러진 자리에서 하나님께 회개하고 부르짖으면 하나님은 또 새 소망을 주신다. 삼손의 인생이 실패한 원인은 나실인으로서 살지 않고 육체의 정욕을 좇아 살았기 때문이다. 우리는 성도로 살아야 한다. 이방인으로 살면 안 된다. 삼손이 이방인으로 사니까 하나님께서 떠나셨다. 그래서 삼손은 모욕과 수치를 당하게 됐다.

하지만 블레셋 사람들은 그렇게 생각하지 않았다. 삼손을 사로잡은 것은 자기들의 신 다곤 때문이라고 믿었다. 그래서 다곤을 경배하러 모인 자리에서 삼손을 마치 서커스 단원처럼 부렸다. 우리가 육체의 정욕대로 살면 나 자신이 실패할 뿐 아니라 하나님의 영광도 가리게 된다. 내가 성령을 좇아 살면 하나님은 나를 통해 크게 영광 받으신다.

비록 삼손은 실패했고 여호와의 신이 그를 떠났지만, 하나님은 삼손을 포기하지 않으셨다. 그 증거는 삼손의 머리털이 밀린 후 다시 자라기 시작한 것이다. 하나님은 삼손에게 마지막 기회를 준비하고 계셨다. 또 한 번의 기회를 주신 것이다. 삼손은 다곤 신전에서 수치와 모욕을 당하며 자기 때문에 하나님의 이름이 욕되게 된 사실을 크게 뉘우치고 회개했다. 그럴 때 길이 열린 것이다. 회개하면 사는 것이다. 회개하면 새 길이 열린다. 그때 삼손은 마지막으로 이렇게 기도했다. "하나님, 이번만 나로 강하게 하사 원수를 갚게 하옵소서!" 삼손은 다곤 신전을 받치고 있는 두 기둥 사이에 서서 하나님께 간절히 부르짖고 두 기둥을 밀었다. 그때 하나님은 삼손에게 힘을 주셨고, 다곤 신전은 무너지게 되었다. 전에 힘이 다시 살아난 것이다. 비록 삼손은 실패한 인생이었지만 그 실패의 자리에서 회개하며 하나님께 부르짖었다. 하나님은 자기 백성이 때로 허물과 죄로 실패한 삶을 산다 할지라도 회개하고 하나님을 찾으면 다시 일어나도록 새 소망을 주시는 분이시다.

혹시 실패와 좌절 가운데 있는가? 그래도 포기하지 마라. 삼손처럼 회개하고 다시금 하나님의 은혜를 구하라. 하나님은 그런 기도를 외면

하지 않으신다. 삼손은 '이번만' 나를 강하게 해달라고 부르짖었다. 이번이 '마지막 기회'라고 생각한 것이다. 그 마지막 기회를 붙잡은 것이다. 우리 인생은 아직 끝난 것이 아니다. 기회가 남아 있다. 우리가 매 순간을 마지막이라는 각오로 살아간다면 지금보다 훨씬 더 적극적으로 하나님이 원하시는 삶을 살게 될 것이다. 그런 결과는 아름다울 것이다.

Part 4

Chapter 01

—

작은 신음에도
응답하시는 하나님

—

전에 딴 교회 다니면서 오후 예배만 우리 교회 나와서 드러머로 섬기던 형제가 문득 생각이 났다. 그 친구 군대 생활할 때 나 보고 면회 좀 와 달라고 해서 내가 군부대 면회까지 갔었는데 우리 교회를 떠난 지 꽤 오래돼서 잊고 있다가 갑자기 생각이 났다. 그런데 얼굴은 뚜렷이 알겠는데 이름이 뭔지 영 기억이 안 난다. '건망증인가? 어째 이놈 이름이 생각이 안 날까?'

그래서 내 싸이월드의 일촌이니까 얼른 인터넷으로 들어가 보니 어느새 탈퇴하고 빠져나가서 알 수가 없었다. 한 3일을 머리를 짜내다 기억이 안 나기에 그냥 당장 뭐 필요한 것도 아니고 해서 포기하고 있었다.

그러고 며칠 지났는데 역시 우리 교회를 섬기다 서울로 간 지연 자매가 아주 오랜만에 전화를 걸어 왔다. 지연이는 모 방송국 사장 비서로 근무할 때 우리 교회를 성실히 섬긴 자매로 지금은 결혼하여 엄마가 됐다.

"목사님, 안녕하세요? 저 지연이에요."

"앗, 너 진짜 오래간만이다. 근데 어쩐 일이냐? 전화를 다 하고?"

"저, 다른 게 아니고 상민이 연락처 좀 알 수 있을까 해서요."

"아, 맞다, 상민이! 안 그래도 나도 그 녀석 생각이 나서 찾는 중인데 알 수가 없었다."

"아, 그러셨어요? 히히."

전화를 끊고 가만히 생각해 보니까 참 신기했다. 그 녀석 이름을 그렇게도 알려고 머리를 짜내도 생각이 안 났는데 '하나님은 내가 끙끙대는 걸 아셨나?' 어떻게 지연이를 통해서 알게 하시는지 참으로 신기했고 문득 '작은 신음에도 응답하시는 하나님'이란 복음성가가 떠올랐다.

주만 바라볼지라

하나님의 사랑을 사모하는 자
하나님의 평안을 바라보는 자
너의 모든 것 창조하신 우리 주님이
너를 얼마나 사랑하시는지
하나님께 찬양과 경배하는 자
하나님의 선하심을 닮아 가는 자
너의 모든 것 창조하신 우리 주님이
너를 자녀 삼으셨네.
하나님 사랑의 눈으로
너를 어느 때나 바라보시고

하나님 인자한 귀로써

언제나 너에게 기울이시니

어둠에 밝은 빛을 비춰 주시고

너의 작은 신음에도 응답하시니

너는 어느 곳에 있든지 주를 향하고

주만 바라볼지라

그 후 며칠이 지났다. 우리 성도한테서 메시지가 왔다.

"여호사밧의 능력으로 아멘! 내일도 좋은 말씀 주세요."

이 메시지 받고 '여호사밧의 능력?' 이 말씀에 '필'이 와서 역대기를 펼쳤다. 여호사밧은 남 유다의 왕으로 모압과 암몬과 나온 연합군이 전쟁을 일으켜 침략해 왔을 때 하나님의 은혜로 승리를 이끌어 낸 인물이다. 그때 그가 드린 기도가 바로 역대하 20장 12절 '우리 하나님이여, 그들을 징벌하지 아니하시나이까. 우리를 치러 오는 이 큰 무리를 우리가 대적할 능력이 없고 어떻게 할 줄도 알지 못하옵고 오직 주만 바라보나이다.' 끝 부분 '오직 주만 바라보나이다.' 이 부분에서 내 눈은 멈췄다.

여호사밧은 자신이 지금 아무 능력도 없고 어떻게 할 줄도 모르겠고 그래서 주만 바라본다는 것이다. 이 말씀이 복음성가 '주만 바라볼지라'의 노랫말이 됐는데 우리 성도를 통해서 내 눈에 클로즈업된 것이다. 오직 주만 바라본다는 여호사밧의 믿음이 곧 우리의 믿음이 되어야 하지 않을까? 정말 내가 상민이 이름 하나 찾느라고 끙끙댔던 그 작은 신음에도 응답하신 하나님, 그리고 우리 성도를 통해서 그 말씀을 정확하게 주신 하나님을 찬양한다. 이렇게 우리 믿는 사람들은 작은 일에도 하나님을 체험하며 사는 것이다. 물론 모든 경우에 이렇게 응답하시는 건 아니다. 다만 이렇게 응답하시는 경우도 있다는 것이다.

우리는 모두 주만 바라보고 살아야겠다. 그러면 여호사밧처럼 승리할 것이다. 힘도 없고 답답하고 대책이 없을 때라도 하나님께 기도하면 귀한 응답이 있을 줄 믿는다.

Chapter 02
—
한국 교회
무엇이 문제인가?
—

목회자가 호화 생활을 하고 무슨 비리가 있다고 어느 방송에서 난린데 과연 거기에 해당하는 목회자가 몇이나 될까. 한국 교회의 약 80%는 열악한 재무 구조이며 정상적인 사례비가 지급되지 못하는 교회가 태반인 걸로 알고 있다. 불과 십 수 명 안팎의 사람들 얘기를 전체 한국 교회의 비리인 양 연속 방송하는 것은 문제가 있다. 물론 거기에 해당하는 목회자들은 더 이상 한국 교회의 이미지를 실추시키지 말고 철저한 자기반성과 하나님 앞에서의 회개가 있어야 할 것이다.

또한 최근 기독교인들이 정계에 많이 진출해 있다 보니 이걸 곱지 않은 시선으로 보는 이들이 있다. 기독교의 덩치가 커졌고 한국 사회에 차지하는 비중이 크다 보니 목회자 비리에 눈을 부릅뜨고 주시하는 이들이 있다. 그러던 차에 목회자 과세 문제를 물고 늘어지더니 웬 십일조를 주제로 TV에서 격렬한 토론까지 벌였다. 우리 교회는 예배실과 목사 사택을 제외한 부속시설에 대해서 세금을 해마다 성실 납부하고 있다. 우리같이 힘도 없고 영세한 교회들은 내라면 내고 말라면 말고 시키는 대로 말을 잘 듣는데 뭐가 문제가 돼서 한국 교회가 여론의 도마 위에 오르는 것일까? 그러지 말고 관련법을 융통성 있게 제정해서 빨리 어떤 가이드라인을 제시해 주어야지 혼란스럽다.

한 패널은 십일조 제도는 구약에만 있고 신약에는 없으며 영국 등 유럽에서는 이미 십일조 제도가 사라졌다고 주장했다. 참으로 별소릴 다 한다. 십일조는 하나님 명령으로 하는 것이지 사람들 결의를 따라 하는 것이 아니다. 이 제도는 이미 구약에서 시작되었지만, 신약에도 이어지고 있고 영국이 아니라 전 세계가 예수 믿는 나라(사람)라면 십일조를 한다. 안 하는 나라는 독일처럼 국교가 기독교인 경우는 아예 종교세로 원천 징수되기 때문이다. 그들은 십일조 수준이 아니라 전 재산을 헌납하는 기부 문화가 아주 자연스러운 일로 돼 있다.

레위기 27장 32절 이하에서 십일조란 구약의 이스라엘 백성들에게 내려 주신 율법으로 자기 소득의 10분의 1을 드리는 것을 의미한다. 십일조의 유래는 창세기 14장 아브라함 시대까지 거슬러 올라간다. 이 의무는 계속 강조돼 훗날 선지자 말라기는 십일조를 떼어먹는 이스라엘 백성들에게 신랄한 책망을 했다. 마태복음 5장 17절에 보면 예수님은 율법을 폐하러 온 것이 아니요 완전하게 하려 함이라고 했다. 따라서 십일조는 여전히 구약의 연속선상에서 보아야 한다. 서구에서 십일조 제도가 없어졌다는 주장은 사실이 아니다. 물론 한국에서처럼 일부 어떤 이들이 십일조를 왜 내느냐고 따지는 사람이 어느 나란들 없겠는가.

부자로 죽는 것은 치욕이라고 말한 카네기, 십일조를 삶의 일부로 여겼던 록펠러 등 세계적인 부호들의 지속적인 기부 활동은 어릴 때부터 십일조 생활에 익숙한 기독교 전통에서 나온 것이다. 십일조를 소득의 10분의 1이라는 숫자적 해석 또는 율법적 해석에 국한해서는 안 된다. 초대 교회 신자들은 십일조라는 형식에 구애받지 않고 모든 재산이 다 하나님의 것이라는 청지기 정신에 철저했다. 10분의 1을 드린다는 것은 나머지 9도 하나님의 것이라는 고백이 포함된다. 그래서 그것조차도 하나님 앞에서 바르게 쓰는 마음을 갖는 것이다. 율법적으로 10분의 1을 칼같이 구별하는 것도 중요하지만, 그 이상이라도 할 수 있는 믿음과 물질의 축복을 받는다면 더 좋은 일이다. 그런 통 큰 마인드를 가질 필요가 있다.

십일조든 무슨 다른 헌금이든 교회에서의 기부 행위는 모두 자유 헌금이다. 믿음이 되고 물질이 따라 줘야 헌금도 하는 것이지 없는 걸 강제로 바치게 하고 안 바쳤을 때 불이익을 줄 수 있는 공권력이 교회에는 존재하지 않는다. 따라서 그거 가지고 시비할 이유가 전혀 없다. 헌금이란 게 맘에 내키지 않으면 얼마든지 안 할 수도 있고 또 교회라는 데가 자기 싫으면 언제든지 때려치울 수 있는 것인데 웬 난리인가.

1. 교회의 정의

교회란 '기독교의 교의敎義를 가르치고 펴며 또 예배나 미사를 위한 건물 또는 그 조직을 말한다.'라고 국어사전엔 나와 있다. 하지만 엄밀한 의미에서 교회는 하나님의 부르심을 받은 성도들의 집합체를 말한다. 다시 말하면 건물이 교회가 아니라 예수 믿는 이들의 모임이 교회이다.

2. 교회 설립의 주체

① 교단에서 설립하는 경우: 교단에서 교회를 설립하여 목회자를 파송하는 경우인데 아주 극히 드문 일이다.

② 신도들이 설립하는 경우: 뜻있는 신도들이 교회 설립을 결의하여 조직을 갖춘 후 목회자를 청빙하여 세워진 교회를 말한다. 이 경우도 많지 않다.

③ 목회자가 설립하는 경우: 한국 교회의 95% 이상이 이 경우인데 목회자가 대개 사재를 털어 교회를 세우고 점차 공교회화 시키는 것이다. 이로써 한국 교회는 세계선교사世界宣敎史에 유례없는 복음화율을 기록하게 되었다.

3. 교회 부동산의 등기

① 목회자 개인 명의: 목회자가 교회를 세운 경우 대개 처음엔 목회자 개인 명의個人 名義로 둔다. 그것은 교회가 아직 기본 궤도에 오르지 못하여 이전移轉 또는 은행 대출 등 수시변동이 생기는 이유 때문이다.

② 교회 단독 등기: 가령 소유주를 '대한예수교장로회 강은교회'로 등기하여 상당 부분 공교회화 상태이다.

③ 총회 유지재단 편입: 교회가 소속된 교단 유지재단, 즉 법인에 교회 재산을 출연하는 것으로서 소유주는 가령 '재단법인 대한예수교장로회 총회 유지 재단'이 된다. 이 경우는 교회의 분쟁 시 재산 보호나 법적 보호 장치엔 도움이 되나 교회가 자체 재산권 행사엔 다소 불편한 점이 있을 수도 있다.

4. 교회 운영의 책임 주체主體

교회가 어느 정도 궤도에 오르기 전까지는 대개 목회자가 교회 운영 전반에 책임을 지나 신속히 목회자는 기도와 말씀 전하는 일에만 전념할 수 있는 여건이 되어야 한다. 어차피 국교가 기독교가 아닌 이상 교회가 자체적으로 해결하는 것이 우리의 실정이다.

5. 한국 교회의 문제점

① 개척 1세대의 생활고: 개척 1세대는 대개 교회가 자랄 수 있는 기본 토대를 만들다 보면 교회 재정 여건이 열악하여 노후 준비를 하지 못한 채 어느덧 정년을 맞는다. 이에 대한 연금 제도가 활성화된 교단은 극히 드물다.

② 대형 교회의 지성전 횡포: 마치 서울의 대형서점이 지방에 분점을 내듯 대도시의 대형 교회들이 지방에 지성전이란 이름으로 분교회를 세우는 일은 자제해야 할 일로 본다.

③ 지역 사회와 함께하는 프로그램 개발 시급: 21세기 한국 교회의 과제는 사회를 섬기는 일이다. 그간에 양적 성장에 포커스를 맞춰 어느 정도 성장했다면 이제는 입으로만 외치는 전도가 아니라 지역 사회와 함께하는 프로그램 개발이 시급하다고 본다.

④ 목회자의 자격: 과거엔 기초 학력을 갖추지 못한 상태에서도 목회했지만, 현시대는 고학력 사회이므로 목회자는 상당한 식견이 필요하다. 따라서 정규 대학원 이상의 학력을 요하며 또 하나는 목회자의 자질 문제다. 어떤 면에서 학력보다 더 중요한 것은 목회자의 인격이다. 그리고 목회자는 어느 정도 물질에 대해서 초연할 각오가 돼 있어야 한다.

Chapter 04

—

목회자의 의식 개혁이
필요하다

—

　한국에는 5만 교회, 10만 교역자, 천만 성도가 있다. 물론 정확한 숫자는 아니다. 아니 상당히 뻥튀기된 숫자일 것이다. 하기야 우리나라 종교 인구가 우리나라 인구보다 많다니 종교인들의 진실치 못함을 여실히 드러낸 것이다. 나는 그것부터가 잘못됐다고 본다. 숫자를 부풀리는 것은 지극히 세상적인 생각이다. 허세로라도 자기를 과시하고 싶은 단면이다. 그럴 필요가 뭐 있겠나. 생긴 대로 살면 되는 것 아닌가? 그냥 최선을 다하면 되는 것 아닌가?

　가끔 교계 신문에서 '교회 매매'라는 광고를 본다. 이것은 아주 잘못된 표현이다. 광고주나 신문사나 모두 잘못이다. '교회 건물 매매'이지 '교회 매매'가 아니다. 건물이 교회가 아니다. 예수 그리스도의 이름으로 모인 공동체가 교회이다. 제발 이것 좀 분별하여 광고해 주기를 주문한다. 눈에 거슬리는 것 중에 하나가 설교할 때 너무 튀는 박사 가운을 입는 것이다. 목회 가운으로도 아주 족한 것인데 박사 가운을 입는 것은 왠지 좀 그렇다. 게다가 솔직히 말해서 교계 안에는 부끄럽지만 떳떳하지 못한 박사들이 얼마나 많은가. 박사라 해도 겸손하게 박사 가운 입지 말고 목사 가운으로 설교함이 더 좋아 보인다. 물론 박사 가운을 입을 수는 있지만, 박사 가운인 듯, 아닌 듯한 정도가 좋지 않을까 싶다.

그리고 이건 감리교 얘긴데 감리교에서는 어째서 감독이 임기가 끝났는데도 감독으로 호칭되고 있는지 그것도 권위주의의 발상으로 보인다. 장로교는 총회장 임기가 끝나면 증경 총회장이지만 호칭은 총회장이라 하지 않는다. 자연스럽게 목사로 호칭되는 것을 당연하게 받아들인다. 마치 감독이 목사보다 높은 직위라고 은근히 과시하는 듯한 뉘앙스가 풍기는 감독 호칭은 임기 내에만 사용하고 그 후는 경력이 될 뿐이어야 한다고 본다.

부흥회 강사들 강사료를 과감하게 사양할 줄도 알아야 한다. 일체 그렇게 해야 한다는 것은 아니지만, 상황에 따라서는 사양할 줄도 알아야지 마치 그걸 부업처럼 받아내려고 안간힘을 쓰는 일부 강사들은 참으로 한심한 생각이 든다. 그것도 큰 교회 담임씩이나 하는 이들이 그런 모습을 보이는 것은 매우 추하기 그지없다. 물론 행사를 주관한 교회 측에서야 최대한 대우하려고 하는 자세는 가져야 하겠지만 마치 품삯 챙기듯이 챙기는 것은 스스로 삯꾼 목자임을 증거 하는 행위이다.

목회자는 어디든지 복음이 필요한 곳이라면 강사료에 관계없이 소돔 같은 거리에도 아골 골짝 빈들에도 복음 들고 갈 수 있어야 한다. 강사료 보고 가선 안 된다. 우리 주변엔 강사료 없이 사역해야 할 곳이 얼마나 많은가. 돈 되는 일인가를 사역의 잣대로 삼는다면 이미 직업인이지 목사가 아니다. 웬만하면 자비량 강사로 많이 나설 수 있기를 바란다.

목회자들이 너무 좋은 차를 타는 것도 비난의 대상이 된다. 굳이 큰 차를 꼭 타야 할 이유가 있는가. 난 큰 차를 탈 여건도 안 되지만, 된다 해도 그래서는 안 된다고 본다. 근면 검소하게 사는 것은 지도자의 기본자세라고 본다.

대형 교회들은 대형 버스로 동네 구석구석 다 뒤지는 일을 자제했으면 싶다. 물질 공세로 사람을 끌어모으는 것은 뭔 마케팅 전략인가. 대기업이 중소기업을 다 잡아먹으면 과연 그들만의 잘 먹고 잘사는 사회가 되는 것인가. 전도하는 것도 방법론에서 좀 재고해야 할 시점이라고 본다. 말재주로 그리고 끈질기게 매달려서 메가폰 들고 떠들어서 전도하는 것도 필요하겠지만 삶 속에서 그리스도의 향기를 날리는 생활 전도가 참으로 필요하리란 생각이 든다.

Chapter 05

_

제자는 훈련으로
되는 것이 아니다

_

최근 우리 교육계의 현주소를 보면 참담한 생각이 들 때가 많다. 얼마 전 학부모가 학교에 찾아가서 부부가 합동으로 환갑이 다 된 교사를 폭행했다는 뉴스가 나왔다. 또 비슷한 뉴스가 있었다. 학부모가 수업 중인 초등학교 교사를 찾아가 아이들이 보는 앞에서 교사의 뺨을 때리고 머리채를 잡아당기는 폭행 사건이 있었다. 물론 교사가 맞을 만한 잘못을 했을 수도 있다. 그런 교사가 간혹 있는 것도 사실이긴 하다. 오죽했으면 그랬을까 하고 역지사지로도 생각해 본다.

그러나 아무리 그렇더라도 이것은 세상이 너무 막가는 느낌이다. 교육은 어느 일방의 노력이나 관심으로 이루어지는 것이 아니다. 교사와 학생과 학부모가 삼위일체가 되어 서로 무한의 노력을 해야 교육의 성과를 거둘 수 있다.

교사가 학부모에게 폭행을 당하는 일은 참으로 심각한 문제다. 만일 폭행할 수밖에 없는 이유가 있는 학부모라면 그 이유를 학교장이나 교육 당국에 제시하고 규명하여 그에 합당한 조치를 받을 수 있도록 해야 한다. 얼마든지 법이 해결해 줄 수 있기 때문이다. 방법이 없는 것도 아니고 누가 막는 것도 아닌데 학교까지 찾아와서 학생들이 보는 앞에서 교사를 폭행한다는 것은 교육을 포기한 행위이다. 그것은 교육을 무시하고 교권을 심각하게 침해한 행위이다. 대한민국은 법치 국가요 민주 사회이다. 어떤 형태든 어떤 이유든 교육 현장에서 폭력 행위는 절대로 있어서는 안 된다.

또 며칠 전엔 학생이 교사를 폭행한 뉴스도 있었다. 그것도 학생으로서 입에 담지 못할 쌍욕을 하면서 말이다. 그것이 교내에서 일어난 일이니 아연실색이다. 그리고 어느 학교에서는 집단 성폭행 사건이 발생했다. 왜 이렇게 됐을까? 원인이 어디에 있는 것일까.

학생은 많은데 제자가 없고 선생은 많은데 스승이 없다는 말이 실감 난다. 배우는 사람은 누구나 학생이다. 선생한테 욕하면서도 배울 수 있고 달려들면서도 배울 수 있다. 그러나 제자는 그게 아니다. 학생으로 배우다 보니 선생님이 훌륭하다는 생각이 들어서 선생님의 지식만 빼 오는 게 아니라 선생님의 인격까지 흠모하며 닮아 가는 게 제자다. 그래서 학생은 스승의 그림자도 밟지 못할 만큼 선생님을 존경하게 된다. 제자는 그렇게 만들어진다.

지금 우리 사회에선 학생이 넘쳐 난다. 학원도 만원이요 학위도 넘쳐나고 있다. 더욱이 요새는 평생교육법에 의한 학점은행제도가 있어서 대학마다 학생들이 북적댄다. 그런데 학생만 많지 제자를 만들어 내지 못하는 교육은 문제가 있다. 단지 시험 점수 잘 받아내는 기술자 양성소가 되어서는 안 된다는 말이다.

얼마 전 대학생들을 대상으로 한 한자 실력 테스트 결과를 보고 놀랐다. 자기 어머니 이름을 한자로 못 쓰는 학생이 83%, 아버지 이름을 못 쓰는 학생이 77%, 자기 이름을 못 쓰는 경우도 20%나 됐다. '어째서 한자를 그렇게 모를 수 있느냐?'고 기자가 물으니 한 학생은 '한자는 수능과 관계없기 때문에 공부하지 않았다.'라고 대답했다. 이 나라 교육이 수능 잘 보게 하는 기술자는 만들었는지 모르겠으나 전인 교육엔 실패하고 있다.

학문으로 진로를 정한 사람이 아니라면 고등학교 때부터 사회생활에 기초적인 학문을 오전 수업에 받고 오후엔 다양한 대안 수업을 받을 수 있게 하는 게 바람직하지 않을까 한다. 교육은 지식만 주입하는 것이 아니다. 가슴에서 인격적 변화를 일으킬 수 있는 교육이 절실하다.

이런 현상은 학교에만 있는 게 아니다. 교회도 마찬가지다. 소위 제자 훈련이란 프로그램이 한국 교회 성장에 도움이 된 건 사실이다. 그러나 가슴으로 뜨겁게 변화하는 모습이 빈약하다. 제자가 되어야 하는데 점수 잘 받는 학생 수준에서 정체 현상이 일고 있다. 제자는 훈련으로 되는 것이 아니라 관계로 되는 것이 아닐까?

그래서인지 서울의 한 대형 교회인 S교회 K담임 목사는 '교회가 입시 학원이냐? 제자 훈련 A반, B반, C반 하면서 머리만 키우는 것이 바람직하지 않다.'고 지적했다. 성경 공부 자체는 좋은 일이지만 문제는 인격적 변화 없이 머리만 키우는 입시 학원식 성경 공부다. 그런 방식을 지양하고 온전한 그리스도의 제자가 될 수 있는 시스템이 필요하다.

Chapter 06

–

예수 그리스도는
온유한 리더십이었다

–

온유란 말은 따뜻하고 부드럽다는 뜻이다. 모든 것이 부드러운 것이 좋지, 거친 것이 좋을 리 만무하다. 그래서 온유함은 최고의 카리스마다. 그와 같은 지도자에게는 사람이 붙어도, 사나운 지도자에게는 사람이 하나둘 다 떨어져 나간다. 짐승도 온유한 동물은 사람에게 길들여지지만 사나운 짐승은 늘 사람을 피해 다니며 험한 산속에서 긴장하고 산다. 순하기로 이름난 양들을 보라. 그것들은 사람한테 길들여져 세계에서 가장 많은 숫자를 자랑하고 있다. 뉴질랜드엔 사람보다 양이 더 많다고 한다. 넓은 평야에 한적하게 거니는 양 떼들은 정말 평화와 축복을 느끼게 한다. 그 많은 양들이 뿜어대는 방귀가 공기를 오염시킬 정도란다.

그런데 양의 방귀보다 소의 트림이 지구를 더 온난화시키고 공기를 오염시킨다는 뉴스가 나왔다. 온순한 초식동물인 소는 대개 풀을 먹는데 이것이 분해 과정에서 엄청난 가스, 즉 메탄이 발생하고 메탄은 트림을 통해 밖으로 분출되는데, 이때 밖으로 분출되는 메탄이 이산

화탄소에 이어 지구온난화의 두 번째 원흉이라는 것이다.

주님께서 산상 수훈에 온유한 자가 복이 있다고 하셨다. 온유한 자가 땅을 차지한다고 하셨고 온유한 자가 생명이 길다는 것을 말씀하셨다. 온유한 것이 그렇게 좋은 것인데 세상은 거친 것이 더 좋은 것으로 착각 속에 빠져 있다. 그래서 강해 보이고 거칠어 보이는 자를 남자답다고 하며 은근히 그렇지 못한 자신을 책하기도 한다. 많은 사람들이 순한 사람은 무시하고 강한 사람한테는 아부한다. 참으로 주체성 없는 비열한 행동이다.

사람의 마음을 열게 하는 것은 무섭게 명령해서 즉시 행동하게 하는 것이 아니라 부드러움으로 자연스럽게 접근하는 것이다. 그렇다고 부드럽다는 것을 현실과 타협하거나 약해지는 것으로 이해해서는 안 된다. 온유는 현실을 껴안을 만큼 큰 것이요, 싸우지 않고도 이길 수 있는 지혜요, 용맹이다. 강한 사람이란 많은 사람들의 힘을 이끌어내는 사람임을 생각할 때 부드러움은 곧 강하다는 것을 의미하기도 한다. 밀림을 지배하는 힘은 강한 야성에서 나오지만, 문명을 이끄는 힘은 부드럽게 포용할 수 있는 모성에서 나오는 것이다. 커피도 부드러운 것이 좋지 않던가.

성경에 보면 하나님께 쓰임 받은 지도자들은 온유함의 소유자였다. 대표적인 예가 예수 그리스도이시다. 그분은 어지간해서는 화를 내지 않으셨다. 다만 성전에서 장사하고 엉뚱한 일로 소란스러워진 것에 대해 상을 둘러엎으신 적이 한 번 있긴 하다. 온유한 사람도 거친 면이 숨어 있다는 것을 알아야 한다. 민12:3에 보면 '이 사람 모세는 온유함이 지면의 모든 사람보다 더하더라.'라고 했고, 삼하22:36에 '주의 온유함이 나를 크게 하셨나이다'라고 고백했다. 그것이 바로 지도자들이 가져야 할 바른 리더십의 유형이다.

군사 정권 시절엔 사회가 명령과 복종의 문화였다. 자녀들도 부모의 말 한마디에 절대 권위가 있었다. 그러나 요새 와서 그때 생각하고 아이들을 잡다간 오히려 잡히는 웃지 못할 서글픈 일이 발생한다. 최고의 카리스마는 온유함에서 비롯된다는 사실을 알자. 아랫사람들을 무섭게 다루고 명령하고 야단치고 휘어잡는 걸 보고 카리스마가 강하다는 표현은 용어를 아주 잘못 이해하고 있다. 카리스마란 하나님께서 당신의 사명을 감당하도록 교회나 성도들에게 부여해 주신 성령의 은사를 말한다. 그래서 그 은사를 받으면 소리 안 지르고도 권세와 능력이 나타나 많은 사람을 이끌 수 있는 부드러운 리더십이 생기는 것이다.

과거 한국의 군사 정권이나 히틀러, 무솔리니 등은 카리스마적 리더십과는 전혀 무관한 파시즘(fascism), 즉 독재적 국가 사회주의이다. 진정한 카리스마는 온유하면서도 결국에 가서는 뜻한 바를 이루는 성령의 능력이다. 우리 모두 따뜻하고 부드러워지자. 온유하셨던 주님을 닮아 가자. 지체의 아픔을 우리의 아픔으로 지체의 기쁨을 우리의 기쁨으로 우는 자와 함께 울고 웃는 자와 함께 웃는 더불어 살아가는 사랑의 공동체는 곧 천국이다.

삼위일체 하나님과 성경을 벗어난 카리스마는 없다. 학자들이나 일부 국민이 지난 역사 속에서 민주화 운동을 짓밟은 독재자나 폭군 같은 자들의 리더십 행태를 카리스마적 리더십 유형이라고 지칭하고 있기 때문이다. 이는 성경 진리와 하나님의 은사를 모독하는 것이다.

엄밀히 말하자면 성경과 교회를 벗어난 카리스마적 리더십은 존재하지 않는다. 카리스마는 하나님께서 사명을 감당하도록 교회와 크리스천들에게 부여해 주신 은사 권세와 능력이다. 이 카리스마적 리더십이라는 용어는 기독교적인 개념과 핵심 가치인 것이다. 독재와 카리스마는 아무런 관련 없다. 신학자들이나 사회과학자들 대부분이 삼위일체 하나님이 부여해 주신 초인격적이고 이상적인 카리스마적 리더십을 파시즘 독재 권위주의적 리더십과 구분하지 못하고 이를 왜곡하거나 착각한다.

파시즘(fascism)은 정치적으로 독재적 국가 사회주의를 말한다. 폭력이나 권위주의, 이미지 연출, 상징이나 대중 조작, 통제, 억압 등은 왜곡된 카리스마적 리더십이나 유사 카리스마적 리더십, 사술이라고 지적해도 지나친 표현은 아닐 것이다. 과거 한국의 군사 정권, 히틀러, 무솔리니 등은 카리스마적 리더십과는 전혀 무관한 파시즘이나 인간의 존엄성을 말살한 살인자, 자유 민주주의를 짓밟은 반민주적 독재자들이다.

카리스마적 리더십이 바로 세워질 때 교회는 물론이고 국가 사회의 지식 체계와 사회 체계가 바로 정립할 것이다. 이러한 개념이 바르게 정립해 시대와 역사를 선도해 나갈 정치, 경제, 사회, 각 분야의 프로페셔널 리더와 이를 지향하는 잠재적 리더들에게 카리스마적 리더십에 대한 바른 이해의 지침이 되었으면 하는 간절한 바람이 있다.

성경에 많은 비중을 차지하는 모든 리더들은 카리스마적 리더였다. 카리스마라는 단어의 사전적인 정의는 '예언이나 기적을 나타낼 수 있는 초능력, 많은 사람을 휘어잡는 능력이나 자질'이라고 한다. 사실 이 카리스마란 말은 기독교 용어인데 언제부터인지 방송에서도 많이 쓰고 일반인들도 많이 쓰고 있다. 그런데 약간 잘못된 의미로 쓰이고 있다.

성경에서 말하는 정의는 다음과 같다. 헬라어 카리스마(Charisma)는 하나님이 크리스천들에게 주는 성령의 은사(Spiritual Gifts)를 말한다. 하나님의 구원의 역사와 성령의 은사를 말한다. 카리스마에 대한 올바른 개념정립을 통해서 그 가치를 확산할 의무가 있다. 그동안 카리스마에 대한 오해와 왜곡된 가치와 이미지를 새롭게 해야 한다. 신약에서는 사망과 죄에서 인간을 구원해 주시는 하나님의 은혜를 카리스(Charis)라고 한다. 그리고 카리스마는 교회와 크리스천들이 하나님의 사명을 이루도록 각자에게 주시는 성령의 은사들을 말한다.

카리스마적 리더십은 성경의 지식과 지혜, 성령의 은사를 통한 리더십 행위를 말한다. 이 카리스마는 4차원적인 영역의 지혜와 영적 파워이다. 삼위일체 하나님은 만물 안에 충만하게 현존하면서 인간 생활을 풍요케 하고 정신문명을 발전시켜 행복한 삶을 영위하게 한다. 그리고 영혼 구원의 역사와 이 땅에 하나님 나라를 세워 가신다.

Chapter 07

예수사관학교를
다녀와서

–

몇몇 목회자들과 원주에 있는 예수사관학교에 다녀왔다. 거기가 뭐하는 곳인 줄도 모르고 무조건 동료 목회자들이 좋은 데 있으니 가보자고 하여 그런가 보다 하고 나들이 삼아 따라나섰다. 두어 시간여 만에 도착한 예수사관학교.

사관학교라니까 국가에서 세운 무슨 군대 장교 양성하는 곳인가 할 사람도 있겠지만, 그런 데가 아니고 명칭처럼 예수의 사관생도가 되는 사람을 교육하는 곳이다. 기독교 테마 교육장 또는 기독교 테마 공원 등 무슨 이름이 적당할지는 잘 모르겠으나 하여튼 그 규모나 경관과 내용 면에서 매우 알차고 감탄을 연발케 했다.

어쩌면 가나안농군학교 형태의 또 다른 교육 시스템이기도 한 그곳은 분명히 이 시대의 특성화된 기독교 대안 교육의 장이었다. 강원도 원주 조그만 시골 마을에 자리 잡고 있는 전원 교회인 예수사관학교. 거기는 수 만 평의 산과 강으로 둘러싸인 대자연이 정말 천혜의 명소였다.

하나님의 은혜로 선견지명이 있어서 변 목사님은 수십 년 전 그의 나이 29세 때 그 땅을 매입하여 '벧엘청소년농군학교'를 시작했다. 그 후 스스로 개발하여 지상 천국을 건설한 것이다. 고속도로 북원주 톨게이트가 바로 500여 미터 인근에 생기고 국민들 삶의 질이 향상되면서 이곳은 명소 아닌 명소가 되어 하루에도 수백 명이 찾아온다.

입구에서 제일 먼저 본 것은 카타르 도하 아시안게임에서 1등을 차지한 역도 선수, 장미란을 환영하는 현수막이었다. 장 선수는 그 예수 사관학교 교회인 세계로 교회 성도이다.

울창한 등나무 밑으로 해서 사무실에 들어가 접수를 하고 잠깐 대화 후 변 목사님께서 친히 가이드해 주셔서 라운딩하며 현장에서 시청각 교육을 받았다. 그날 서울의 어떤 교회는 여덟 번이나 왔다고 했다. 조각 하나하나에 말씀이 새겨져 있었고 그것은 모두 교육 자료였다. 심지어는 그의 학창 시절 연애편지, 학교 생활기록부, 그의 블랙박스라 하는 가방 등도 모두 교육 자료였다. 가르치고 전파하고 치료하신 예수님의 3대 사역을 그대로 현장에서 실천하는 곳이었다.

그는 고등학교 때 교회에 처음 발을 들여놓았는데 그때부터 그는 인생의 가치관이 바뀌었다. 그리고 철저하게 하나님의 인도하심을 따랐다. '알버트 슈바이처(Albert Schweitzer)' 박사를 존경한 나머지 당신도 미친 듯이 공부하여 철학박사, 신학박사, 의학박사를 딴 공부 벌레였다. 우스갯소리로 당신은 얼굴도 안 되고 이름(변충구)도 안돼서 실력에 승부를 걸었단다.

예수사관학교는 바르게 사는 원리를 가르쳐 주는 곳이다. 변 목사님은 문무文武와 영성을 모두 연마한 지도자였다. 공부도 할 만큼 했고, 경력도 화려하고, 아는 것도 많고, 깨달은 것도 많았다. 세속적 표현을 한다면 도인이었다. 재물의 축복도 받은 거 같았다.

몇 시간 동안 그의 많은 강의를 숨 가쁘게 들었다. 많은 도전을 받았고 교훈을 얻었다. 그는 성공의 원리를 가르친다. 그것은 꿈을 가지고 꾸준히 준비하는 자에게 주어지는 축복이란다. 그는 기독교의 진리를 깨달은 후 확실한 비전이 생겼고 그 비전은 그대로 현실로 이루어졌다는 것이다.

시설 중 가장 포인트가 되는 건물은 멀리서 보면 꼭 카페같이 생긴, 노아의 방주를 형상화한 9층짜리 대형 건물이다. 그 안에 전시된 각종 전시물도 감탄을 자아내기에 충분하고 배 꼭대기 갑판에서 내려다본 전경은 아주 훌륭한 공원이었다.

장교로 중앙정보부에 근무한 경력을 가진 그는 청소년 교육을 위해 유격 훈련장도 만들어 놓아 실제 군사 훈련을 능가하는 강력한 교육을 실시하여 그리스도의 강한 군사를 길러낸다. 그 밖에도 개인 기도실, 기도 동산, 야외 예배장, 숙박 시설, 세미나실, 수영장, 축구장, 배구장, 농구장, 족구장 등 각종 시설을 완비했다.

그가 한 말이 많았지만 다 기억을 못 하고 생각나는 거 몇 가지만 적어 본다.

첫째, 미치면 미친다. 무슨 일이든 그 일을 이루려고 미쳐 있으면 그 일에 도달하게 된다는 뜻이다. 정말 그는 그렇게 살아온 산 증인이었다.

둘째, 3P 정신을 가지라.

① Pencil: 항상 펜을 휴대하고 다니라는 것이다.

② Paper: 메모지를 항상 휴대하고 기록하는 습관을 가지라는 것이다.

③ Plan: 계획성 있게 살라는 것이었다.

셋째, 기회는 반드시 온다. 그런데 그 기회란 준비한 자에게 오는 것이지 아무한테나 막연하게 오는 것이 아니란 말이다.

넷째, 하나님 마음에 합한 자로 살라. 성실하게, 진실하게, 정직하게 살라는 것이다.

다섯째, 좋은 일을 하고 살라. 그러기 위해선 돈도 벌어야 하고 당장엔 손해가 오지만 하나님은 넘치도록 채워 주신다.

여섯째, 명품 좋아하지 마라. 명품 옷 입었다고 그 사람이 명품 인생인가? 자신이 먼저 명품이 되려고 노력을 하라.

Chapter 08

나는 시대를 앞서 갔다

-

　신학대학 시절 잘하지도 못하는 아르바이트 한다고 주간엔 직장 가고, 야간엔 학교 갔다. 말이 야간대학이지 오후 5시면 강의가 시작되기 때문에 4시엔 출발해야 한다. 그래서 나는 그때 남들이 물어보면 석간대학 다닌다고 대답했다.

　나의 야행성 기질은 야간대학 다니면서 아주 제격이었다. 학교 갔다가 자취방에 오면 밤 11시가 넘는다. 그때 연탄불에 밥하고 찌개 끓이고 김치 떨어지면 김칫거리 사다가 김치 담그고 전부 밤에 하는 일이다.

　지금 같으면 사다 먹으면 될 텐데 그땐 그럴 돈도 없었거니와 그런 문화가 아니었다. 그때가 20대 중반이었던 것 같다. 그런데 그런 생활이 힘들지도 않았고 서글프지도 않았다. 당연한 일과였다. 그러고 공부 좀 하다 그냥 잠들고 아침에 일터로 가고 부리나케 학교 가고 다람쥐 쳇바퀴 돌 듯 늘 부지런을 떨어야 했다.

　그때 나는 S출판사에서 원고 교정 내지는 원고 집필의 일을 했다. 목사님들이나 교수님 중에 내용은 좋은데 문장이 약간 부실해서 가지고 오면 그걸 문장 리모델링하는 것이다. 또 교회에서는 교육 전도사의 책임도 맡았다. 이것저것 신경 쓰다 보면 번번이 허겁지겁 학교에 가게 된다. 그래도 지각이나 결석은 하지 않으려고 부단히 노력했다.

난 학문과 관련된 일엔 비교적 꼼꼼히 챙기는 성격이다. 모든 것을 미리미리 준비하는 생활 태도이다. 학교 가기 전에 그날 강의 시간표에 맞춰서 교재며, 노트며, 리포트며, 발표를 위한 유인물이며, 완벽하게 준비하고 갔는데 가서 보면 안 맞을 때가 있다. 이상한 일이다. 그렇게 신경 써서 챙겼는데 왜 이랬을까? 가만히 생각해 보면 밤낮이 어정쩡하게 생활하다 보니 바쁜 중에 요일 개념이 좀 혼란스러워서 대개는 월요일 날 화요일 수업 준비를 해 가고 화요일 날 수요일 걸 준비해 가고 이를테면 이런 식이었다.

친구들이 "어이, 시간표 좀 제대로 보고 다니지!" 그러면 난 항상 "웅, 난 시대를 앞서가잖아!" 그러면 친구들이 "둘러대긴…." 그런다. 그런데 이젠 그런 꼼꼼함도 다 어디로 갔는지 후다닥 해치우는 버릇이 생겼다. 아마 마음의 여유가 없어서인 듯하다. 물론 다 그런 건 아니다. 어떤 부분에서만 그렇다는 것이다.

설교 준비 같은 것은 난 주일 끝나면 바로 다음 설교 구상하고 다닌다. 생각나고 발견한 자료는 즉시즉시 컴퓨터에 입력해 둔다. 외출했다 들어오면 바로 컴퓨터 켜고 또 훑어본다. 토요일 날엔 최종 수정하고 거의 완벽하다고 생각하여 출력한다. 그리고 주일 아침 또 읽어보면 여전히 미진한 부분이 발견된다. 그러면 또 수정한다.

나의 이런 부분은 우리 딸이 그대로 닮은 듯했다. 우리 아이가 초등학교 다닐 때 보니까 학교 갔다 와서 숙제해 놓고, 시간표대로 가방 챙겨 놓고, 배울 과목 몇 쪽 거기에 공책과 책받침까지 끼워 놓고, 잘 때

옷은 벗어서 잘 갠 다음 머리맡에 놓고 잔다. 아침에 일어나서 옷 입고, 밥 먹고, 학교 가면 챙겨온 대로 차근차근 펴서 공부한다. 물론 지금은 성인이 돼서 그렇지는 않지만, 사람의 성격과 생활 태도가 생각지 않은 방향으로 많이 바뀐다.

이젠 정말 시대를 앞서가는 사람이 되었으면 좋겠다. 열심히 뛰어도 앞서가기는커녕 남들 틈에도 못 끼는 것 같아서 늘 마음이 바쁘다. 여기서 바로 하나님의 은총이란 것이 필요하리란 생각이 든다. 나의 노력에 플러스알파 그건 바로 절대자가 내려 주는 은총을 힘입는 것이란 생각을 해 본다. 오, 주여! 시온의 대로가 열리게 하소서.

—

Chapter 09

때로는
아날로그 시절이 그립다

—

전쟁의 상흔이 채 가시기 전인 1950년대 중반 나는 조그마한 섬에
서 태어났다. 주로 선교사들이 구호물자를 가져와 받아먹던 그 시절
그 동넨 그런 것마저도 없었다. 당연히 초근목피로 연명을 했고 의복
은 무명 천 쪼가리를 걸치는 남루한 시절이었다.

쇠고기란 건 아예 몰랐고 돼지고기는 농번기 때 한 번쯤 뭇국에 한
두 점 얹어 놓아 논바닥으로 내오는데 그 맛이란 이루 말할 수 없이 황
홀했다. 또 하나는 김이다. 김이란 것이 요즘 김은 왜 그 맛이 없는지
알다가도 모르겠다. 명절 때나 먹을 수 있었던 김은 아궁이에 짚불을
때고 그 벌건 잿불에 김을 구워 상에 올리면 사람들은 그 맛에 또한
환장했다.

손으로 편지 쓰던 사춘기 때는 구구절절이 사랑을 담아 신경을 곱
빼기로 써서 보내도 메아리는 별로 없었다. 간혹 뭍으로 유학을 나간
친구들이 편지를 보내오면 그 편지를 받고 기뻐하고 글자 하나하나에
서 친구의 모습을 볼 수 있었다.

그런데 지금은 속도와 정확성을 추구하는 디지털 시대가 됐다. 익명으로 사회적 소통이 가능한 사이버 시대가 됐다. 과거엔 편지를 보내면 가고, 오고 해서 열흘 정도나 돼야 회신을 받았는데 요새는 이메일이란 것이 생겨서 즉시 전송되고, 즉시 회신을 받을 수 있다. 이게 국내 이야기만이 아니라 외국에 보내는 편지도 즉시 가고 즉시 온다.

편지뿐인가. 인터넷 전화가 있어서 그런지 해외에 나가 있는 선교사들이 수시로 전화를 한다. 옛날 같으면 전화 요금 때문에 상상도 못 할 일이다. 이 사람이 국내에 있는 것인지, 외국에 있는 것인지 모를 정도로 국내에서 통화하듯 부담 없이 떠든다. 참으로 편리한 세상이다.

90년대 초에 처음 외국에 나갔는데 그땐 외국 음식이 참으로 고역이었다. 그런데 요샌 어느 나라를 가도 한국 음식 비슷한 음식이 많아서 큰 문제가 없다. 퓨전 음식이 된 것이다. 세계는 이제 동일 생활권이다. 소위 글로벌시대란 말이다.

신학교 다니던 시절 출판사에서 아르바이트를 했다. 그때 회사 풍경은 청타기 치느라 '딱딱딱' 소리 사방에서 들리고, 나는 그거 교정보느라 체크하고, 수정하고, 따 붙이고, 종이 편집하고, 참으로 아날로그적인 업무였다. 신문사에 보내는 원고를 급한 것은 전화로 불러주기도 했다.

전화는 수동식으로 핸들을 잡아 돌리기도 했다. 그러다가 팩스가 나오고 컴퓨터가 급격히 보급되고 그러더니 이제는 뭐든지 버튼만 누르면 모든 것이 해결되는 세상이 됐다. 리모컨으로 모든 걸 컨트롤하고 있다. 또 휴대전화로 문자 송수신이 되니 세상에 이런 세상이 오리라고는 전혀 상상도 못 한 일이었다.

그런데 이런 문화에 인간이 인간성을 다 잃어버리고 있다. 너무 기계화되어 가고 있다. 인간화를 상실하고 있다. 콩 한 쪽도 나눠 먹던 정 겨운 시골 풍경은 사라지고 주차 문제로 칼부림이 나는 판국이다. 이 웃이 누구인지 알 수도 없고 알아도 안 되는 세상이다. 불과 몇십 년 사이에 세상은 이렇게 변했다.

디지털 시대가 돼서 모든 것이 빠르고 편리하고 좋긴 한데 왠지 그 래도 더러 옛날이 그립기도 하다. 그래서일까? 사람들이 자꾸 옛것을 그리워한다. 시골 밥상을 찾고, 손으로 편지 쓰기도 그립고, 구수한 된 장찌개도 그립다. 비 오는 날 부침개 해 먹는 풍경이 피자 시켜 먹는 거로 대치되고 식당에서 밥 먹고 부족하면 무한리필 하던 시절은 어 디 가고 공기마다 계산이 추가된다.

가을 기운이 무르익어 썰렁하기도 하다. 그래서인지 따듯한 사람이 더 그리워진다. 아니 아날로그 시절이 그립다. 단풍놀이를 가자는 사 람들도 있는데 왜 그걸 못한 것일까? 아마 마음의 여유가 아직도 안 나는 것 같다.

Chapter 10

벌초를 다녀왔다

묘지를 잘 돌보는 일은 아마 세계에서 한국 사람들이 단연 1위인 걸로 알고 있다. 성묘는 이미 고인이 되신 분에 대한 미망인으로서의 예절일 뿐 망자가 벌초 때문에 신났다, 화났다, 하는 것은 아니다. 그래도 벌초를 한다는 것은 동양인의 미풍양속으로 교육 목적상 효 사상에 일조하고 있다.

앞으로 우리나라도 장묘 문화가 좀 바뀌어야 한다고 본다. 사자 숭배 신앙에 가까운 묘지 관행은 개선의 여지가 충분히 있다. 묘지에 쏟는 정성 제발 생전에 했으면 싶고 전국 토지를 잠식하고 있는 묘지 때문에 산 사람들 생활 공간이 부족해지는 판국이니 호화 묘지 부러워하지 말고 과감하게 간소화로 전환해야 한다.

시골을 떠난 지 30여 년 동안 조상님들 묘소 벌초는 거기 사는 형님 몫이었다. 형님은 워낙 그런 일엔 괴도한 열성을 가지신 분이다. 그런데 올해에 형님이 무릎관절 수술을 하는 바람에 아직 보행이 불편하여 나보고 와서 벌초하라고 했다.

새벽기도 마치고 아침은 대강 해치우고 운전대 잡고 액셀을 밟았다. 비 온 뒤 가을 하늘이라 청명하기 그지없고 하늘에 떠 있는 새털구름은 정말로 죽이는 거였다. 교동도에 들어가니 공기는 더 맑았다. 바다 건너 북한이 그렇게 뚜렷하게 보일 수가 없었다. 저렇게 지척에 우리 동포가 굶주림에 허덕이며 살고 있다니 그 원인이 어디에 있을까?

내가 시골에 있을 때는 지금처럼 기계화되기 전이라 대부분의 일이 수작업이었다. 그런데 요새는 농업도 기계화, 과학화, 선진화되다 보니 벌초도 낫으로 하는 게 아니고 예초기로 한다. 나는 낫 세대인데 지금은 기계 세대이니 나 같은 구닥다리는 벌초하는 것도 그렇지 않아도 더운 날씨에 진땀까지 포함하여 내 몸을 흥건히 적셨다. 그래도 여러 묘소를 깨끗하게 깎아 놓고 보니 간만에 이발한 것처럼 훤해 보였다.

일을 마치고 귀가하는 길에 형님 장모님이 임종을 앞두고 있는데 그분이 출석하는 교회 목사님이 해외 출타 중이니 나보고 가서 기도 좀 해 드리고 가라고 해서 들렀다. 목회하면서 나도 수없는 죽음을 보았던 터라 특히 기독교인 죽음에 기도로 마무리해드리는 일은 세상을 뜨는 분한테나 가족들한테도 필요하리라 생각하여 들어갔다. 죽음을 앞에 둔 권사님은 몰골이 극도로 수척해 있었고 곧 숨이 넘어갈 듯 말 듯한 상태였다. 내가 들어가서 인사를 하니 죽음 앞에서도 얼른 알아보고 반색을 하는 것이었다. 어쩌면 임종 기도일 수도 있겠는 터라 모두가 숙연하게 기도를 드렸다.

그 권사님이 말은 못해도 표정을 보니 굉장히 고마워하면서 내가 나서는 모습을 물끄러미 바라보셨다. 자녀들이 교회는 나가지 않지만 나보고 뜻하지 않은 방문에 너무 감사하다고 인사를 했다. 사람이 일생을 건강하게 살다가 큰 고통 없이 편안하게 죽음을 맞이할 수 있다면 참으로 축복이겠다 싶은 생각을 했다.

　그 누구도 죽음을 이길 장사는 없는 것인데 죽음 앞에서는 모두가 숙연해지는 것이다. 그 권사님이 돌아가시면 또 하나의 무덤이 생기든지 아니면 화장을 하든지 해서 일생이 끝나는데 지혜의 왕 '솔로몬'은 전도서에 '헛되고, 헛되며, 헛되고, 헛되니, 모든 것이 헛되더라.'라고 했다. 그렇지만 우리는 '보람되고, 보람되며, 보람되고, 보람되니, 모든 것이 보람되다."라고 말할 수 있는 삶이 되기 위하여 오늘도 최선을 다하여 성실하게 살아야겠다.

　세월이 참으로 빨리 흘러간다. 일주일이 눈 깜빡할 사이 지나가고 한 세대도 금방 지나간다. 작렬하던 태양도 그 맹위를 잃고 이제는 아침저녁으로 선선한 바람이 피부에 새롭다.

Chapter 11

—

부흥회 때문에
시험 들 뻔한 교회 이야기

—

군포에 내가 알고 지내는 교회가 있다. 그 교회 담임목사님은 세상에서 다른 일 좀 하다가 늦깎이로 목사가 되어 3년 전 교회를 개척하고 많지 않은 신도들이지만 목양에 최선을 다하는 50대 초반의 매우성실한 목회자이다.

나도 그분을 안 지 얼마 되진 않는다. 학회에서 만난 지 이제 한 3개월 정도 된 것 같으니까 말이다. 그분한테서 며칠 전 전화가 왔다. 당신이 기도원에 가서 어떤 목사님을 만났는데 그분이 부흥회를 자비량으로 해주겠다고 자원하여 그러기로 정했다고 했다.

그런데 부흥회 하루 전날 나한테 전화가 왔다.

"목사님 큰일 났습니다. 당장 내일 부흥회를 해야 하는데 강사님이 사정이 생겨서 못 오신답니다. 어쩌면 좋죠?"

"뭔 일인데 그런 경우도 있습니까? 차분하게 이야기 좀 해주시죠."

내용인즉 강사로 예정되었던 분과 그 어간에 몇 차례 전화 통화를 했는데 그 주간에 바쁜 일이 좀 있는데, 그런데도 부흥회를 하시겠다고 하여 감사하다는 통화를 했다는 것이다.

그런데 정작 부흥회 하루 전날 전화가 또 왔는데 몸이 아파서 도저히 부흥회를 못하겠다는 것이었다. 물론 사람이 아플 수 있고 그럴 상황이 있을 수도 있지만, 왠지 그렇게 이해하고 넘어가기엔 내가 인격 수양이 덜 돼서 그런지 버거웠다.

그러니 생전 안 하던 부흥회를 한다고, 성령 충만 집회를 한다고 신문에 광고하고 현수막도 걸고 기도로 준비하고 모든 준비 다 했는데 이제 와서 못 하겠다니 어쩌면 좋으냐고 나한테 전화가 온 것이었다. 이런 딱한 일이 어디가 있나. 차라리 처음 나한테 전화가 왔을 때 "그 목사님 잘 모르겠으니 강사로 모시지 말라."라고 얘기했으면 나도 홀가분할 걸 일말의 책임감이 느껴졌다. 강사로 자원하여 오겠다고 했던 그 목사님 뭔 사정인지 얼마나 아프신지 모르겠지만, 뒷맛이 개운치 않음은 왜일까?

그건 그렇고 이미 광고가 교회 안팎으로 다 됐으니 당장 몇 시간 후면 집회를 열어야 하는데 이것부터 수습해야 했다. 사방에 전화를 걸었다. 누가 나 내일 부흥 강사로 데려가라고 기다리는 것도 아니고 그렇다고 아무나 세울 수도 없고 난감한 일이었다. 그렇지 않아도 강사 때문에 골머리를 앓고 있는 마당에 누굴 세우냐 하는 고민이 됐다. 몇 군데 통화를 하다가 전부터 알고 있는 모 목사님을 연결시켜 드렸다. 물론 그분이 전문 부흥사는 아니지만 건전하고 열정이 있는 걸 알기 때문에 이 상황에 적합할 것 같았다.

그래서 피차 그렇게 조절하여 예정대로 부흥회를 열게 됐다. 하지만 내심 걱정이 됐다. 그가 어떻게 부흥회를 인도하는지 또 상처받은 성도들한테 본의 아니게 말씀 속에 또 상처받을 일이 생기는 건 아닌지 그래서 남의 교회 부흥회 열게 해 놓고 나는 덩달아 기도할 수밖에 없었다.

이틀째 되던 날 그 교회 담임목사님한테서 전화가 왔다. 훌륭한 강사를 소개해 줘서 부흥회가 아주 은혜 가운데 진행되고 있으니 정말 감사하고 꼭 한 번 와서 식사도 같이하고 집회도 참석해 달라는 것이었다.

그래서 마지막 날 저녁 집회에 참석했다. 강사가 정말 열정적으로 복음을 전했다. 난 그렇게 하지도 못하지만, 또 그렇게 열정으로 하는 분을 별로 못 봤다. 내용도 건전하고 핵심 있게 정리된 설교였다. 저런 부흥회라면 해도 괜찮겠다는 생각을 했다.

부흥회를 마치고 아쉬워하는 성도들을 보며 안심하고 귀가했다. 그 후 그 목사님한테서 또 전화가 왔다. 교회가 큰 시험 당할 뻔했는데 좋은 분 소개해 줘서 부흥회에 대한 이미지도 쇄신됐고 교인들이 은혜받고 오히려 전화위복이 되었다는 것이었다.

말이 나왔으니 말이지 우리 교회도 강사 모시기 조심스러워서 부흥회는 거의 하지 않고 있다. 장마철에 먹을 물이 없듯 수많은 목회자들이 있어도 정작 우리 교회에 적합한 강사를 찾기엔 쉽지 않다.

—

Chapter 12

하늘의 상을 바라보라

—

나는 어릴 때 상을 받아 본 일이 거의 없는 것 같다. 부럽기는 했는데 주질 않으니까 받질 못했다. 상 받을 만큼 남보다 뛰어난 것도 없었고 상이 지금처럼 흔하지도 않았다. 상 받는 것은 영광이고 큰 명예이다. 사람이 명예롭게 살다가 명예롭게 퇴장하는 것은 축복이다. 학교에서나 직장에서 상을 받는 일 또는 국가에서 주는 상을 받는 일은 명예로운 일이며 자랑스러운 일이다.

그런데 세상에서는 상을 받을 사람이 받는 게 아니라 역적이 받는 경우도 있다. 로비하고 정치적인 문제가 개입되고 그래서 터무니없이 시상되는 사례도 있다.

며칠 전에 모 기관 시상식에 참석했다. 수상자는 내가 볼 때 그 상에 합당해 보이지 않았다. 그렇지만 아마 이런저런 이유로 그를 선정한 것 같았다. 세상일이란 게 다 그런 기 아니겠는가. 지난해 힘 있는 누가 자기가 받을 상을 자기가 만들고 자기가 결재해서 수상하는 것도 봤다.

세상에서 가장 명예로운 상은 노벨상이다. 지금까지 500여 명이 수상했으며 수상자는 대부분 세계사에 남을 만한 족적을 남긴 공로자들이다. 상금도 20만 달러 이상으로 많지만, 그보다 노벨상 수상자에게 주어지는 명예는 더욱 대단한 것이다. 단번에 전 세계적인 인물이 된다. 그래서 수상자 개인뿐 아니라 국가적인 명예를 얻게 된다.

하물며 하나님이 주시는 상은 얼마나 대단하겠는가. 노벨상과는 도저히 비교할 수 없는 상급과 명예가 주어진다. 하나님의 상급에는 하나님의 자녀로서의 신분 상승이 따라온다. 천국이 선물로 주어진다. 일시적 영화가 아닌 영원한 번영을 얻게 된다. 뿐만 아니라 영혼에 주어지는 축복도 있다. 사랑, 평안, 기쁨, 위로, 소망, 믿음, 신뢰 등 갖가지 영적 은사들이 선물로 주어진다. 이를테면 부상이다.

베이징 올림픽에서 메달 소식이 날라 온다. 금메달을 딴 유도 최민호 선수는 너무 기뻐서 울음을 그치지 못하고, 수영 박태환 선수는 너무 좋아서 계속 싱글벙글이었다. 하루 사이 그들의 인기는 하늘을 찌른다. 상을 받는 일은 그렇게 영광스럽다.

그러나 우리는 믿음의 선배들처럼 하나님의 상을 바라보자. 땅에서 누가 알아주지 않는다고 낙심하고 상처받지도 말자. 땅에서 알아주지 않을수록 하늘의 상급이 큰 것이니까 말이다. 성도들이 하나님께 상을 받는 이유는 내가 그리스도를 어떻게 대접했느냐 하는 것이다. 즉, 모든 상급은 그리스도를 영접하고 대접하는 데 따라서 결정이 된다. 평가 기준은 하나이다. 무슨 큰 업적도 아니고 지위도 아니고 명예도 아니다. 오직 그리스도를 대접하는 것뿐이다. 주님을 어떻게 대접하고 있는가. 거지 비슷하게 대할 수도 있고 고객으로 모실 수도 있다.

예배를 통해 삶의 모든 것을 주님께 아뢰어야 한다. 기도하는 영적

교제를 통해 주님을 인생의 주인으로 인정하여야 한다. 말씀을 듣고 깨달은 대로 순종함을 통해 주님을 제대로 섬겨야 한다. 그럴 때 우리에게 진정한 상을 줄 것이다.

그러나 어떤 면에서 명예보다도 더 중요한 건 건강이다. 그러니까 건강을 위하여 시간을 투자하고 물질을 투자해야 한다. 건강을 잃으면 모든 것을 다 잃은 것이기 때문이다. 성인병을 극복하는 비결은 '걸으면 살고 누우면 죽는다.'는 정신이다. 건강해야 주의 일도 하는 것이고 상을 받도록 달려가는 것도 건강하지 못하면 마음뿐이다.

바울은 딤후4:7-8에서 '나는 선한 싸움을 싸우고 나의 달려갈 길을 마치고 믿음을 지켰으니 이제 후로는 나를 위하여 의의 면류관이 예비되었으므로 주 곧 의로우신 재판장이 그날에 내게 주실 것이며 내게만 아니라 주의 나타나심을 사모하는 모든 자에게도니라.'라고 했다.

Chapter 13

—

긍정의 사람이 되자

—

20세기 한국 교회의 관심은 교회 성장이었다. 그래서 사람 모으는 일이라면 어디라도 달려갔다. 물론 지금도 그 영향은 남아 있다. 그러나 보편적으로 21세기에 와서는 목회자들의 시선이 교회건강 쪽으로 쏠리고 있다. 그것은 교회가 건강하지 못하니까 아무리 많이 모였어도 힘없이 무너지는 사례가 빈번하기 때문이다. 마치 사상누각처럼 말이다. 최근 교회의 분쟁이 세상 법정에 서는 사례가 부쩍 많아졌다.

서구 교회가 몰락하고 기독교의 중심축이 급격히 이동하는데 아시아, 아프리카, 라틴아메리카로 이동하고 있다. 교회가 몸집만 크고 교회 구실을 못하면 건강한 교회가 아니다. 사람도 덩치 크고 몸에 살만 쪘다고 건강한 것이 아니다. 성도가 아는 것만 많고 행함이 없으면 건강한 성도가 아니다.

교회 생활을 오래 해서 아는 것도 많고 영향력도 있는데 그의 생각이 늘 부정적이라면 결과는 뻔한 것이다. 그런 사람하고는 하나님이 함께 일하실 수 없다. 맹종하라는 것이 아니다. 순종할 수 있는 패러다

임의 전환이 필요하다. 신앙의 순수성을 회복해야 한다.

깡통을 영어로 can이라고 한다. 그런데 깡통의 가치는 함석에 있는 것이 아니고 그 안에 무엇이 들어있느냐가 중요하다. 겉모습을 보는 건 순간적이고 중요한 건 내용물이다. 사람도 마찬가지이다. 사람은 외모보다도 그 사람 머릿속에 무엇이 들어 있느냐에 따라 가치가 달라지는 것이다. 외모를 뜯어 먹고 사는 건 잠깐이지만 머릿속에 든 생각의 움직임은 평생이다.

그리고 같은 can을 조동사로 쓰면 '할 수 있다.'라는 뜻이다. 웬만하면 할 수 있다고 믿고 살아라. 주님께서도 '할 수 있거든이 무슨 말이냐. 믿는 자에게는 능치 못함이 없느니라.'(막9;23)고 하셨다. 그런 긍정적인 마인드가 인생을 성공으로 이끌어 줄 것이다. 신념이든 믿음이든 긍정적인 마인드에 뭔 일이 되도 되는 것이다. 사실 믿는 자는 능력자들이다. 사도 바울도 '내게 능력 주시는 자 안에서 내가 모든 것을 할 수 있느니라.'(빌4;13)고 했다.

먼저 입으로 시인하는 습관을 길러야 한다. 그래서 간증이 필요한 것이다. 축복받을 자는 먼저 말부터 달라진다. 긍정적으로 보고 긍정적으로 생각하고 긍정적으로 말하므로 긍정의 열매가 나타날 것이다. 진실로 긍정에는 힘이 있다.

반드시 해야 한다고 생각하라. 전도도 하면 하고 말면 말고 그러지 말고 반드시 해야 한다고 생각을 해라. 그래야 열매가 맺힌다. 성경 읽기도 반드시 해야 한다고 생각하라. 기도도 반드시 해야 한다고 생각하리. 주일성수도 반드시 해야 한다고 생각하리. '비쁘면 못 가는 거지 뭐.' 그러다 보면 못 갈 일은 수없이 생긴다. 그래서 아예 주일은 하늘이 무너져도 교회 가는 거로 생각을 바꿔야 한다. 헌금도 적당히 하는 것이 아니라 넘치게 할 수 있는 실력자들이 되라. 십일조라는 숫자적인 개념에 얽매이지 말고 그 이상 할 수 있는 스케일을 가지라. 재물의 노예가 되지 말고 재물을 호령할 수 있는 권세를 가지라.

사람은 생각하는 대로 되는 것이다. 바른 생각이 바른 행동을 낳고, 좋은 생각이 좋은 행동을 낳는다. 그리고 크게 생각하라. 믿음으로 생각하라. 믿음은 바라는 것들의 실상이요 보지 못하는 것들의 증거라 했다. 무슨 일이든 해보기도 전에 안 된다고 포기하지 말고 주님이 도와주시면 가능하다고 믿으라. 긍정의 사람은 반드시 긍정의 열매를 거두게 될 것이다.

Chapter 14

복된 날을
복되게 보내자

주일은 복된 날이다. 그래서 이날은 복되게 지키는 것이 나한테 축복이다. 이날 여호와 안에서 즐거움을 누리며 번영과 물질의 축복을 받게 된다. 하나님께서 안식일을 복되게 하여 그날을 거룩하게 하신 배경은 엿새 동안에 천지를 창조하시고 제7일에 안식하신 데에 있다.

18세기 프랑스 혁명 때 제7일제 대신에 10일제를 시작했으나 실패했고 제2차 세계 대전 중 일본 군국주의자가 일요일을 말살하려고 했으나 역시 실패했다. 그리고 공산주의자들도 주일을 무력화시키려 하였으나 뜻을 이루지 못했다. 모든 타종교나 무신론 주의자들조차도 이제는 주일을 중심으로 하여 7일제로 생활하고 있는 것은 이 제도가 인간의 사회생활에 절대적으로 유익함을 입증한 것이다. 하나님께서 안식하셨고 복을 주신 제7일에 성도들도 안식함으로써 우리가 일의 노예가 아닌 것을 보여 주며 장차 올 영원한 안식을 미리 맛보게 하신 것이다.

안식일은 한 주간의 마지막 날로 여호와께서 엿새 동안 창조의 역사를 하고 쉬신 것을 기념하며 일요일은 한 주간의 첫날로 주님의 부활을 기념한다. 그리고 구약의 안식일 제도는 신약 시대의 주일로 대치되었다. 예수님의 제자들이나 초대 교회와 기독교 역사 속에서 성도들은 항상 안식 후 첫날인 주님의 날, 즉 일요일을 안식일로 지켰다. 하나님께서 친히 주신 제4계명을 지키기 위해 일차적으로 엿새 동안 땀과 수고의 노력을 기울여 일해야 한다. 엿새 동안에 힘써서 일할 때 참된 안식일을 준수했다고 말할 수 있다. 성도의 노동과 안식일은 아주 깊은 관계에 있다.

노동 문제를 연구하는 전문가들이 일의 능률을 조사했을 때 노동자가 열심히 일하면 주말에 가서는 능률이 감소되어 쉬어야만 다시 한 주간의 일의 능률을 높일 수 있다는 것이다. 제7일마다 안식의 날을 갖는 것은 사회적 산업적 인체 공학적 측면에서 볼 때 필수적인 것이다.

구약의 안식일은 단순하게 세속世俗적인 일을 금하고 쉬는 날의 개념을 넘어서서 이제 우리는 신약 성경에서 말하는 거룩한 주일로 드려지게 되었다. 그러므로 주일은 세속적인 일이나 사사로운 일을 피하고 하나님께서 원하시는 교회 교육이나 교회 생활을 성실하게 수행함으로써 더욱더 안식일의 목적을 강화해야 할 것이다. 이날은 주님의 날로 하나님의 창조와 언약 그리고 영원한 구원의 은혜를 생각하며 거룩하게 지켜야 할 것이다.

미국의 대통령들은 주일을 지키는 일에 모범을 보여 주었다. 1차 대전시에 '윌슨 대통령'은 가능한 모든 병사들을 주일에는 쉬게 하고 주일 예배에 참석하게 하였다. '헤이스'와 '가필드'는 그들의 부하들이 주일에 예배를 드리도록 하였다. '그랜트 대통령'은 파리를 방문했을 때 주일에 개최되는 경마의 초대를 거절하였다. '매킨리 대통령'은 테네시

주 100주년 기념식을 참석하고 주일에는 관광 계획을 취소하였다. '루스벨트'와 '쿨리지' 대통령은 주일의 가치와 소중함을 강조하였다. '트루먼 대통령'은 주일의 낚시를 거절하였다. '카터 대통령'은 주일에는 선거 운동을 하지 않고 본 교회에 출석하여 주일 학생들을 가르쳤다.

안식일의 근본 목적은 그냥 쉬는 데 있지 않고 안식과 축복이라는 명확한 개념 위에 서 있다. 그러므로 주일은 성경이 말씀한 바대로 세속적인 일을 하지 말 것은 물론이며 하나님께서 원하시는 교육이나 교회 생활을 성실하게 그리고 더욱 거룩하게 지켜야 한다. 나아가 그리스도께서 모범을 보이신 것처럼 성도들도 안식일에 적극적인 선을 행하며 하나님의 일을 해야 한다.

Part 5

—

Chapter 01

물을 돈 쓰듯 하자

—

　1등이 다 좋은 건 아니다. 우리나라의 물 소비량은 세계 1위란다. 이것은 일본의 4배, 프랑스의 5배 이상이다. 이런 추세라면 우리나라도 곧 리비아, 모로코 등 사막 국가들과 함께 물 부족 국가가 될 수도 있다고 유엔은 경고하고 있다.

　우리나라는 자연적으로 물이 좋고 흔한 나라이다. 그래서 우리가 소싯적에도 수도 시설이 안 됐을 뿐이지 물이 있기는 어디나 있었다. 맑고 깨끗한 물을 동네 우물가에서 길어다 먹었지만, 식수가 없어서 난리를 치진 않았다. 다만 경제 여건이 안 좋아 개발을 못 해 농업용수가 부족했던 적은 있었다.

　지금도 사람들은 물이 흔하다 보니까 물을 너무 물 쓰듯 하고 있다. 물을 얼마나 흔하게 썼으면 뭐든지 헤프게 쓴다는 걸 표현할 때 물 쓰듯 한다는 말까지 나왔을까. 설거지도, 세수도, 양치질도 모두 물을 틀어 놓고 한다. 수도꼭지를 틀어 놓고 아예 다른 일을 보는 사람들도 있다. 그건 돈이 줄줄 새 나가는 것인데 그렇게 생각하는 사람은 많지 않다. 무조건 총알같이 소방 호스처럼 쏟아져 나와야 직성이 풀리는 것이 우리네 심사이다. 이젠 생각을 바꿔야 한다. 물을 물 쓰듯 하지 말고 물을 돈 쓰듯 해야 한다.

세상이 다 우리나라같이 물이 풍부한 것이 아니다. 동아프리카나 에티오피아 혹은 다른 열대지방에 가면 날은 더운데 물 사정이 안 좋아 시원하게 씻기는커녕 마실 물조차 구하기 힘든 상황은 아주 흔한 일이다. 또 물이 있긴 있어도 그렇게 깨끗하지 못하다. 꼭 흙탕물같이 더러운데 그 물로 세수도 하고 빨래도 하고 목욕도 하고 별거 다 한다.

그런 나라 여자들의 일과 중 가장 중요한 것이 물 길어 오는 일이다. 땡볕 아래 한 시간 이상 걸어가서 한나절 차례를 기다려 물 한 동이를 떠온다. 그렇게 떠온 시뻘건 흙탕물 한 항아리로 열 명도 넘는 식구가 하루를 산다. 물이 얼마나 귀하면 일부다처제인 그곳에서 여자들이 입버릇처럼 하는 말은 '남편은 나누어 가져도 떠온 물은 나누어 쓸 수 없다.'라는 것이다. 우리나라는 지금 시골길도 전부 포장이 됐지만, 과거 비포장 시절엔 '마누라 없이 살아도 장화 없이 못 산다.'는 말이 있었는데 아마 비슷한 예인 것 같다.

그래서 물 좀 달라고 하면 딴에는 많이 준다는 것이 맥주병으로 딱 반 정도를 준다는 것이다. 그 물을 아껴 마시면서 더위를 견뎌야 하는 것은 물론 이 닦고, 세수하고, 수건에 물을 묻혀 고양이처럼 샤워하고, 게다가 그거 조금 남겼다가 화장실 물로 사용한다는 것이다. 우리로서는 도저히 상상이 안 되는 일을 그들은 자연스럽게 해내고 있다.

우리나라 사람들은 유난히 물을 많이 쓴다. 목욕탕에 가서 물을 원 없이 틀어 놓고 시원하다고 행복해 하고 있다. 받아 놓은 물로 일단 좀 닦고 나서 나중에 틀어 놓고 싹 씻어 내면 좋을 텐데 그렇게 하면 '좀

스럽다'나 뭐 그러기까지 한다. 국토 전역에 강이 흐르고 조금만 땅을 파도 물이 펑펑 나오니 물의 소중함을 느끼지 못한다.

인구 13억의 중국이 10년 안에 대단한 물 부족을 겪을 것이라는 예상을 하고 있다. 농업용수, 공업용수, 생활용수가 모두 부족하게 된다는데 특히 농업용수가 부족하면 정말 큰일이다. 그렇게 되면 식량 생산에 차질이 있을 거고 중국이 식량을 자급자족할 수 없게 되면 외국에서 곡물을 사와야 하는데 그러면 당연히 전 세계 곡물 가격이 폭등하게 될 것이다.

곡물가가 폭등하면 식량 자급률이 25%밖에 되지 않는 우리나라에 치명적인 영향을 줄 것이다. 그때는 중국산이 어떻고 북한산이 어떻고 할 한가한 처지가 안 된다. 어떤 것이든 고가에 사들여 와야 하는 상황이 발생할 수도 있음을 간과해서는 안 된다.

물 부족으로 인한 사태가 발생하기 전에 물을 아껴 쓰는 습관을 기르자. 땀을 많이 흘리는 사람이 아니라면 매일 샤워도 자제해야 한다. 우리가 물을 아껴 쓰는 것이 인류의 생존과 평화 공영에 밀접하게 연관되어 있다는 사실을 한시도 잊어서는 안 된다. 그깟 물 가지고 별소릴 다 한다고 하다가는 큰코다치는 일이 벌어진다.

Chapter 02

-

이루지 못한 음악 사랑

-

    중학교 2학년 때쯤 동네 형이 기타 치는 모습에, 난 그냥 반해 버렸다. 즉시 나는 '저걸 배우고야 말겠다.'는 굳은 의지를 불태웠다. 그렇지만 거기서 그 뜻을 이룬다는 건 쉽지 않은 일이었다. 기타를 살 돈도 없고, 기타를 배울 학원도 없고, 기타 교본이 있는 줄도 몰랐다. 그리고 거긴 섬이어서 외부 문명과는 단절된 고립된 지역이라 오직 스스로 터득하는 길밖에는 없었고 가끔 그 형이 치는 걸 슬금슬금 보며 머리에 익혀 두었다.

    중학교를 졸업할 때 저금을 찾은 돈으로 인천 가서 기타를 사 왔다. 정식으로 배웠으면 지금쯤 상당한 실력의 기타리스트가 됐을 것이 분명한데 혼자 엉터리로 익혀 놓은 것이 너무나 손에 익어 다른 사람들하고 맞추려면 나는 상당한 워밍업이 필요하다.

    그래도 거기서는 당시에 기타 치는 사람이 별로 없어서 단연 인기 짱이었고 소위 딴따라 언저리를 맴돌기도 했다. 사실은 돌팔이인데 동네 사람들은 내가 굉장히 기타를 잘 치는 거로 인식이 되어 버렸다. 물론 그 시절은 교회 다니기 전이라 전부 유행가인데 학생 신분에 맞지 않게 나는 너무나 많은 대중가요를 모두 암기했고 무슨 노래든 악보 필요 없이 기타로 다 쳤다.

그리고 그 지역에서 소위 '위안의 밤'이란 제목으로 노래자랑이 열렸는데 예선 통과하고 본선에서 떨어졌다. 노래를 썩 잘하지 못하지만, 그냥 참가해 본 것이다. 그러다 고등학교 들어가기 전 1년 동안 농사일을 거들면서 교회를 다니게 됐다. 교회에 가니 풍금이 있었는데 그것도 배우고 싶었지만 역시 가르쳐 줄 만한 사람이 없어서 혼자 슬쩍슬쩍 익히는 수밖에 없었다. 그러다 보니 역시 돌팔이가 됐다. 그나마 이제는 안 쳐서 다 잊어먹었지만 말이다.

교회에 발을 들여놓은 후 얼른 찬송가를 익힐 요량으로 기타로 연습을 하고 있는데 내 머리에 좋은 악상이 떠올랐다. 그걸 모티브로 외우면서 발전시켰더니 하나의 노래가 됐다. 그게 진짜 노래인지 뭔지는 모르지만, 하여튼 그렇게 하여 곡을 하나 썼는데 지금 음반으로 나온 '주님을 위해서라면'이다. 그때가 고등학교 1학년이나 2학년쯤 됐을 때이다. 물론 그것이 악보로 만들어진 것은 훨씬 뒤였고 당장은 다 외워서 불렀다.

소문에 소문이 나서 각 교회로 불려다니면서 간증하고 내가 만든 20여 곡의 노래로 찬양하는 일, 소위 '찬양 사역'을 한 것인데 그때는 찬양 사역이란 용어가 없던 시절이라 이름하여 '특송' 하러 다닌 것이다. 그때 같이 그 일을 했던 사람은 지금 영산교회 담임목사로 목회 잘하고 있는 이종환이다. 이 목사님은 노래를 가수보다 더 잘했고 기타는 내가 조금 더 쳤다. 우리는 호흡이 잘 맞아 지금으로 말하면 찬양 사역을 함께한 것이다.

그것이 계기가 되어 기독음대에서 2년 동안 음악 공부를 했다. 핑계지만 여러 가지 여건상 공부는 제대로 하지 못했고 겨우 졸업만 했다. 역시 그 찬양 사역을 하다 목회에 소명을 느껴 신학교를 가게 됐다. 신학교 가서 교육 전도사하고 목회 쪽으로 방향이 잡히면서 찬양 사역은 슬그머니 접어두게 되었다.

80년대 중반에 이목동에서 목회할 때 복음 가수 한 분이 내가 작곡한 노래를 음반으로 내려 하는데 작곡자의 허락을 받아야 한다고 도장 받으러 왔다. 그러면서 얼마에 곡을 줄 거냐고 해서 내가 전문 작곡가도 아니고 그거 팔아서 밥 먹고 살 일 있느냐고 그냥 앨범 만들면 영광이라고 했다. 그랬더니 나중에 나온 음반과 감사 헌금 얼마를 가지고 왔었다.

한 번은 동기생이 시무하는 정남중앙교회에 새벽 부흥회 설교를 맡아서 갔었다. 예배 마치고 각자 기도하는데 배경음악을 내가 작곡한 노래를 틀어 놓은 것이었다. 나는 내가 강사로 와서 저걸 틀어 놨나 하는 생각에 나중에 류춘배 목사한테 그 노래 누구 건지 알고 틀어 놨느냐고 했더니 전혀 모르고 있었다. 내가 만든 노래라고 했더니 확인해 보고 놀라는 것이었다.

그리고 몇 년 전에는 한가할 때 인터넷을 켜 놓고 검색창에 '황화진'을 쳤더니 내 정보가 너무 많이 떠 있는 걸 보고 깜짝 놀랐다. 농담으로 '난 죄짓긴 다 틀렸다.'고 했다. 그간에 내가 쓴 많은 글들이 전부 올라와 있었고 그중 특이한 것은 '주님을 위해서라면'이 뜨기에 들어가 봤더니 'ㅇㅇㅇ심포니오케스트라'에서 내가 쓴 곡을 연주곡으로 앨범을 낸 것이었다. 나는 그냥 영광스럽게 생각을 했다.

대한민국의 대표적인 사설 관현악단에서 내 곡을 사용했으니 기분이 좋았다. 그런데 아쉬운 건 그게 어느 사이트에서인지 유료로 되어 있어서 작곡자인 나도 맘대로 듣지를 못하여 남의 도움으로 들어봤다.

지금도 나는 음악에 관심이 많고 듣는 데 민감하고 즐기는 편이지만 그냥 취미로 그 동네를 기웃거리고 있다. 그날이 언제일지는 모르지만 우리 교회 음악이 많이 발전해서 수준 높은 찬양으로 하나님께 영광 돌리고 싶은 간절한 소망을 가져 본다. 나는 한때 '음악을 모르는 작곡가'였고 자칭 '어설픈 찬양 사역자'였다. 이루지 못한 음악 사랑이 늘 가슴 한편에 자리하고 있다.

그런 인연이 있어서인지 아내도 딸도 모두 피아노를 전공했다. 지금 생각해 보면 그때가 고등학교 때인데 어떻게 음악 지식도 없이 찬양 곡을 썼는지 하나님이 하신 일이라고밖에 달리 해석할 길이 없다. 정녕 하나님은 무에서 유를 창조하는 전능자이시다.

Chapter 03

–

건강한 인생 후반전을 기대한다

–

몇 해 전 동기생한테 전화했더니 몸이 아프단다. 어디가 아프냐니까 40살 넘으면 여기저기 아픈 거 아니냐며 딱히 말을 안 한다. 그때까지만 해도 나는 속으로 '아니, 40살 넘었다고 아픈가?' 하고 의아스러웠다. 몇 해 전에 조카가 '아빠가 50살이 되더니 나이를 먹었다는 것이 서글픈가 봐요'라고 말한다.

나야말로 60이 된 지금 느끼는 건 기계가 많이 낡아졌다는 것이다. 일단은 글자가 좀 흐릿하고 그다음엔 이마가 넓어졌고 또 하나는 이가 부실해졌다. 진짜로 서글픈 생각이 들 때도 없지 않다.

시력 하나 만큼은 불을 끄고도 글자를 읽을 수 있는 정도였는데, 이제 작은 글씨를 보려면 안경을 껴야 한다. 친구보고 뭔 글씨를 볼 때마다 멀리 보고 초점을 맞추느냐고 흉을 봤는데 이젠 나도 그 군번에 도달한 것 같다.

우리 집안엔 대머리가 없다. 위로 형님 둘이 있는데 모두 모발이 싱싱하다. 그런데 어쩌자고 막내인 나는 점점 세수할 면적이 넓어져 가는지 진짜 이대로 가다가는 대머리 아저씨가 될까 기우 아닌 기우를 한다.

지난해 동료가 치아가 안 좋아서 임플란트를 하는데 견적이 2천만 원 정도 나왔다기에 미쳤다고 했는데 남 얘기가 아니었다. 나도 간단한 치료로 생각하고 치과에 갔더니 임플란트 2개는 물론 그 외에도 치료해야 할 이가 몇 개 있었다.

이러다가 모든 이를 다 치료해야 하는 건 아닌가 하는 생각이 든다. 물론 다른 사람들보다 치아가 나쁘진 않다. 하지만 한 번 치료를 시작했더니 여기저기 벌집 쑤셔 놓은 기분이다. 치료비 몇백 깨지는 건 잠깐이다.

언젠가 의사가 나한테 하는 말이 한겨울을 날 동안 감기에 세 번 이상 걸리면 약체란다. 다행히 나는 지난겨울 감기에 한 번도 안 걸려서 건강한 편에 끼워 놨는데 앞으로도 감기 같은 건 걸리지 않도록 건강 관리를 잘해야겠다.

사람이 나이를 먹으면 늙는 것은 정한 이치련만 요새 들어 한 일도 없이 나이만 먹는 것이 영 개운치 않은 생각이 든다. 나잇값을 못하고 살아왔다는 자책이다. 한 일도 없는 주제에 건강이라도 해야지 몸 아파서 가족들한테 불편을 끼친다면 그것 또한 못할 일이다.

치과 치료하는 동안 구강 상태가 안 좋아서 식사 때마다 아주 불편하다. 그 모양으로 외국까지 갔다 왔지만 아직도 밥도 제대로 못 먹고 남모르게 고통을 감수하고 있다. 치과 치료를 겁먹고 병원에 안 가다 보면 호미로 막을 것을 가래로 막게 되는 사태가 벌어진다.

그나마 요새는 임플란트가 나와서 틀니를 안 해도 된다고 하던데 가격이 비싼 게 흠이다. 그런 것에도 건강보험 혜택이 전면 시행됐으면 좋겠다. 그래서 노인들이 틀니 하지 말고 임플란트를 하면 얼마나 좋을까 하는 생각을 해 본다.

요새 노인들 사이에선 임플란트냐 틀니냐를 놓고 레벨을 정한다는 이야기까지 나돈다고 한다. 값이 비싸니 형편이 안 되면 하고 싶어도 못하고 자녀들이 해 주지 않으면 엄두를 못 낼 처지의 어르신들이 많다는 것이다.

이제 내 나이 인생 후반전이다. 기계로 보면 앞으로 얼마나 고장 안 나고 쓰게 될지는 미지수다. 지금부터라도 건강 관리를 잘해서 남한테 걱정을 끼치는 일이 없기를 간절히 소원한다. 난 청년 시절 아플 거 다 아파서 나이 먹고는 안 아플 거라고 누가 예언을 했는데 그 예언이 딱 맞게 하려면 열심히 운동하고 균형 잡힌 생활을 해야 할 것이다.

Chapter 04

다 만날 만해서 만난다

눈 씻고 찾고 찾아서 자기 짝을 만난다. 아무리 봐도 그만한 배우자가 없다. 완벽 그 자체였다. 그래서 너무 기쁘고 보기만 해도 행복했다. 잠시라도 안 보면 보고 싶고 만나면 헤어지기 싫어서 애를 태웠고 같이 있으면 스킨십을 아무리 해도 싫증이 나지 않았다. 한밤중에라도 전화를 하면 한두 시간은 잠깐이다.

그런 연애 시절을 거쳐 이들은 꿈 같은 결혼에 골인했다. 이제부터는 행복만 있을 것이다. 온 세상은 다 그들의 것이다. 저 푸른 초원도 드높은 하늘도 자기들을 위해서 창조되었고 수많은 사람들도 다 자기들 행복한 모습을 보라고 창조되었다. 한 달, 두 달, 1년, 2년… 세월이 흘러가는 것도 이들에게는 행복이었다.

그런데 이들의 행복을 시샘하는 마귀가 틈타기 시작했다. 주님은 구름을 타시고 오시는데 마귀는 틈을 타고 온다나… 그토록 완벽한 남자에게서 전에 보지 못한 모습들이 보인다. "넌 그것 밖에 안 되냐?", "그런 것도 모르고 세상을 사는 거냐?" 등등 자신을 무시하는 언행이 하나둘 늘어나는 거였다.

그러면서 그 남자의 속도 하나둘 보이기 시작했다. 손 하나 까딱 안 하고 다 자기를 시키려고 하고 밥은 차려줘야만 먹고 집안일 거드는 건 일체 용납 못 하는 왕보수(?) 남자라는 사실을 이제야 알게 됐다. 부부간의 대화는 점점 줄어들고, 남편의 귀가는 늦어지고, 아내는 아내대로 동창들 만나고, 술 한잔 하고, 둘 다 질세라 각자의 길(?)을 열심히 갔다.

그러다가 이들은 이렇게 살 바에야 이혼하는 것이 훨씬 낫겠다는 결론을 내리게 됐다. 급기야 이들은 법원 앞 이혼 업무를 대행해 주는 부스를 찾았고 그 잘난 남편 두 번 다시 안 보겠다고 이혼 서류에 도장 꽝꽝 찍었다.

홀가분하게 새 출발하게 됐다. 정말 속이 다 시원했다. 그 후 이혼을 후회하는 데는 많은 세월이 필요치 않았다. 조금 더 생각해 볼 걸 그 땐 왜 그렇게 화끈했는지 후회스럽단다. 쏟아진 물 다시 담기는 가당 치도 않게 됐다. 물론 이혼하고 홀로서기에 성공한 이들도 많지만 후회하는 커플이 의외로 많다는 것이다.

이 세상의 부부가 다 잘 맞는다면 얼마나 좋을까? 그런데 살다 보면 허물이 보이고 단점이 보이고 성격도 맞지 않음을 느끼게 된다. 그러나 원래 부부는 성격이 안 맞는 게 정상이란다. 각자 다른 환경과 다른 문화 속에 살다가 한통속이 되려니 몸살이 왜 없겠는가. 누가 그러는데 몸살은 몸이 살려고 고통을 겪는 것이란다. 안 맞지만 맞추어 가면서 사는 게 인생이다. 그러느라 성질 다 죽이고 안 하던 설거지, 방청소, 망치질, 벌레 잡기 등등 못 하는 것이 없다. 겉으론 멀쩡해도 사실은 다들 그러면서 사는 것이다.

어떤 목사님이 강단에서 설교할 때 보면 다 맞는 얘기고 다 좋은 얘기인데 집에 와서 사는 거 보면 완전히 딴판이란다. 그래서 사모님이 '내가 저런 인간하고 어떻게 사나!' 하고 다툼이 벌어졌다. 그때 누가 카운슬링을 통하여 '그 약점을 보완해 주라고 당신 같은 훌륭한 아내를 만나게 하신 것이 아니겠느냐.'고 권면하여 화해가 됐다고 한다.

부부는 그렇게 맞추어 가면서 사는 것이다. 그 맞춤이 때로는 얼마나 힘이 드는지 모른다. 그래도 맞춰야 한다. 무조건 안 맞는다고 신발 바꿔 신으면 돌아서서 후회한다. 설사 후회가 없더라도 갈라서는 일만이 능사는 아니다. 원래 안 맞는 성격은 맞추면 되고 안 좋은 환경은 극복하면 되는 것이다. 물론 쉬운 일은 아니다. 그렇지만 하다 보면 길은 다 있다. 사람들은 부부지간에도 자기가 더 잘났다고 생각하고 잘난 유세를 떤다. 그리고 좀 더 심하면 '내가 그땐 눈에 뭐가 씌었지. 어떻게 저런 인간을 신랑이라고 결혼을 했나 몰라.' 이런다.

그런데 남들은 몰라도 부부지간엔 서로 만날 만한 사연이 다 있다. 다 만날 만해서 만난다는 것이다. 그러니까 이제 와서 어쩌고저쩌고 따지는 건 유치한 짓이다. 그래서 나는 티격태격하는 부부들에게 늘 하는 말이 있다. "다 만날 만 해서 만났으니까 그런 줄 알고 잘 맞춰 살라고!"

Chapter 05

하루 동안 세 번 바람 맞다
—

몇 해 전 이야기이다. 매일 아침 9시면 이웃 교회 목사님이 얼른 산에 다녀오자고 항상 차를 우리 교회 앞에 댄다. 왕복 1시간 30분 정도 걸리니까 얼른 다녀와야 일과에 지장이 없다. 그분은 워낙 교과서적인 분이라 소위 FM이라고 말하는 그런 틀림없는 분이다.

지난번 식당에서 만난 이후 지금까지 매주 월·화·목·금요일은 그분과 함께 산을 다닌다. 혼자 다닐 땐 나 좋은 시간에 가면 됐는데 그분과 시간을 정해 놓으니까 좀 불편하기도 하다. 하지만 그래도 동무가 있으니까 책임감은 더해진다.

그런데 항상 9시면 정확하게 칼같이 나타나는 분이 10분이 지나도 올 기미가 없다. 기다리다 문자를 보냈다. "오늘 산행 아니신가요?" 메아리가 없다. 10분 더 기다리다 포기했다. 무슨 일일까? 그럴 분이 아닌데…. 1시간 후 문자가 왔다. "죄송. 날이 궂어서 잠깐 정신을 놓아 버렸네요." 밤에 비가 좀 와서 오늘은 공치는 날로 생각하고 아마 깜빡 꿈나라에 다녀오신 모양이었다.

두 번째는 우리 동네 목회자들 몇 분이 점심을 같이 하기로 약속이 됐다. 며칠 전 나한테 연락을 준 분한테 혹시나 싶어 문자를 날렸다. "오늘 모임 맞나요? 긴가민가 해서요" 역시 회신이 없다. '에라, 모르겠다. 약속된 장소로 가야겠다.' 하고 막 나서려는데 전화가 왔다.

"목사님, 죄송합니다. 제가 오늘 그거 깜빡 잊고 밖에 나왔습니다. 죄송하지만 황 목사님이 연락 좀 해서 날짜 좀 바꿔 주세요." 어이가 없다. '참, 나 원.'

세 번째는 오후 2시 이후 건축 사무소 직원이 인천에서 날 만나러 오겠다고 해서 기다렸다. 시간이 지나도 문자도 전화도 사람도 감감무소식이다. 전화했다. 그쪽 답변은 이랬다.

"목사님, 잠깐만요. 조금 있다가 바로 전화 드릴게요."

그래 놓고 지금 시간이 밤 9시. 뉴스를 보면서 이 글을 쓰고 있는데 아직도 전화가 없다. 이상한 일이다. 이 분도 정확한 분이신데… 내가 또 전화를 해 볼까. 하다가 그냥 더 기다려 보련다.

거 참 이상한 날이다. 이렇게 하루에 세 번이나 바람을 맞기는 처음이다. 괜히 오늘 일과가 뒤죽박죽돼 버려 유쾌하지 못하다. 이유야 어찌 됐든 세 건 모두 상대 쪽에서 펑크를 냈다.

지난여름 어느 날, 공무원들과 함께 보양식 회식을 하게 됐다. 내 앞에서 식사를 하신 분은 남들은 다 고기를 먹는데 그분 혼자 미역국을 드시기에 내가 물었다.

"이 고기 안 좋아하십니까?"

"아닙니다. 좋아합니다."

"그런데 왜 미역국을…."

"아, 제 딸하고 이 고기 안 먹기로 약속했습니다."

옆에 앉은 분이 말한다.

"아니, 이 고기 먹었는지 안 먹었는지 뭐 압니까? 그냥 드시고 말하지 마세요."

"그렇게까지 하고 싶지 않습니다. 걱정하지 마시고 어서 드세요."

나는 그분이 자기 어린 딸하고의 약속을 스스로 어기지 않고 지켜 나가는 그 정신을 높이 치하했다. 그야말로 딸이 보는 것도 아닌데 그래도 약속은 지켜야 한다는 것이다. 약속을 소중히 여기는 것은 사람의 기본이고 선진국 국민의 기본적인 에티켓이다.

Chapter 06

—

신앙의 퓨전을 경계한다

—

퓨전 바람이 분다. 퓨전 음식에, 퓨전 음악(재즈에 록을 섞어서 만든 독특하고 새로운 장르의 음악, 즉 재즈+록=재즈록)에, 퓨전 신앙까지 회자되고 있다.

퓨전(fusion)이란 원래 경제 용어이다. 다수의 회사가 경쟁을 피하려고 큰 회사로 합병하는 일을 말한다. 그러니까 연합하고 합병하고 섞어서 하나로 만드는 것이다.

최근 교회와 정치가 합병하는 것도 하나의 퓨전 현상인데 나는 바람직한 현상이라고 보지 않는다. 삼성 특검과 관련하여 천주교 사제단의 행보도 그리 아름답게 보이지 않는다. 지난 총선에서 목회자들이 정당 활동을 하는 모습을 어떻게 이해해야 할지 고민스러웠다. 목회자 중에 일부가 정치에 관여하는 것이 있을 수는 있겠다고 보고 점수를 주기도 했다. 그러나 아예 정당을 만들고 본격적으로 나서서 노골적으로 참여하는 것은 헌법에 명시된 정교분리 원칙에도 어긋난다. 물론 목회자들이 나서지 말고 평신도 지도자들이 나가서 일하도록 뒤에서 밀어주는 것은 좋은 일이다.

기독교를 가리켜서 타협을 모르는 답답한 사람들이라고 한다. 하지만 어쩔 수 없는 일이다. 진리가 어찌 비진리와 퓨전을 시도할 수 있겠는가. 그래서 기독교는 배타적이란 소릴 듣지만 어쩔 수 없는 일이다.

동양과 서양 고대와 현대 등 전혀 다른 두 가지가 만나서 제3의 것을 만들어 내는 퓨전의 바람이 불고 있다. 이런 현상은 시대 조류에 속하기도 하지만 동시에 많은 우려의 목소리도 있다. 사실 무분별한 퓨전 열풍은 창조성이 부족한 아류의 문화에서 자주 나타난다.

이스라엘이 가나안을 칠 때 그곳의 모든 것들을 전멸시키라는 하나님의 명령이 있었다. 이것은 신앙이 바알적인 독소와 공존할 수 없음을 분명히 하시려는 하나님의 뜻이었다. 호세아 선지자를 통해서 꾸짖으신 이스라엘의 혼합 문화는 바알과의 퓨전이었다. 현대의 포스트모더니즘 다원주의 신학이 현대의 목회자들에게 손짓하고 있다. 하지만 신앙의 퓨전은 타락의 지름길이다. 신앙의 순수성을 포기해서는 안 된다. 세상과의 타협의 유혹에 넘어가지 않아야 한다. 신앙은 순수해야 한다. 욕을 먹어도 우리는 진리를 지켜야 한다.

요한복음에서 보면 베드로가 고기를 잡으려고 밤새 노력했지만 빈 그물을 거두고 힘 빠져 있을 때 주님께서 말씀하시기를 '깊은 데로 가서 그물을 던지라'고 하셨다. 그때 베드로는 "주님, 영적인 일은 주님이 전문가시지만 고기 잡는 건 제가 전문가입니다. 해 볼 만큼 다 해 봤습니다." 이렇게 말하지 않고 "주님 말씀 의지하여 그물을 던지리다." 하고 던졌을 때, 배가 만선이 되는 횡재를 했다. 그때 잡힌 고기 숫자가 바로 153이다. 여기서 얻은 힌트로 생긴 유명 회사도 있다.

우리나라에서 최초로 우주인을 보낸 것도 우리의 과학기술의 발전이라고 볼 수 있다. 각자가 자기 포지션을 지키는 것이 중요하다는 생각을 하며 나도 내 포지션을 다시 한 번 확인해 본다.

Chapter 07

한국인과 유대인은
디아스포라 닮은꼴

–

우리 민족은 민족성이 강하고 개척 정신이 강하다. 여러 나라에 안 간데없이 모두 진출해 있다. 세계 178개국에 800만의 동포들이 나가 있다. 그들 중에는 조국의 명예를 걸고 기필코 자리를 잡아 소위 성공 가도를 달리는 이들이 적지 않다. 배고픈 시절을 경험했던 그들은 주린 배를 움켜쥐고 잘살기 위한 몸부림을 한 것이다.

그러나 우리보다 먼저인 B·C 8세기경 유대인들은 전 세계로 흩어져야만 했다. 역시 그들에게도 그럴 수밖에 없는 환경이 주어진 것이다. 디아스포라(Diaspora)란 흩어짐을 뜻하는 헬라어이다. 유대인이 가는 곳에는 회당이 세워졌다. 회당은 시나고그(synagogue)라고도 한다. 그곳은 유대교에서 예배 의식, 집회, 학습 장소로 쓰이는 공동체로 이를테면 예배당이다.

문헌에 따르면 회당들은 팔레스타인에만 있었던 것이 아니라 로마, 그리스, 이집트, 바빌로니아, 소아시아 등지에도 많았다. 1세기 중반까지 대부분 유대인 공동체는 회당을 가지고 있었고, 그곳에서 매일 아침·점심·저녁에 예배를 드렸다. 그리고 안식일과 종교 절기들에는 특별한 의식을 행했다.

한국인이 가는 곳에는 어느 나라든지 교회가 세워진다. 물론 비신자들은 욕을 한다. 국내의 경우 한 집 건너 교회라고 비난한다. 그래도 한 집 건너 술집이 들어서는 것보단 훨씬 나을 텐데 말이다. 교회가 많이 세워지는 것은 하나님의 신비한 뜻이 있다.

하나님은 유대인 디아스포라를 통하여 복음의 터를 닦아 놓으셨다. 그리고 우리 민족의 디아스포라를 통해서는 세계 선교의 피날레를 이끄시고 계시다. 그것은 지금 우리나라 선교사들이 안 간 곳이 없을 정도이고 그들의 열정은 타의 추종을 불허한다. 물론 문제의 선교사들도 있지만, 극히 일부이고 대개의 경우는 온몸을 불사르는 선교를 한다. 이들이 서로 유기적인 네트워킹을 한다면 아마 세계 선교는 한국 교회를 통해서 이루어지리라는 기대도 해 봄 직하다.

성경의 위대한 인물 중에는 어쩔 수 없이 조국을 떠났던 디아스포라들로 가득하다. 대표적으로는 이스라엘의 민족사를 다시 썼던 요셉, 모세, 느헤미야, 다니엘 등 이들의 생애는 자기 민족을 구원으로 이끈 눈물의 역사이다. 신약에는 바울과 바나바도 좋은 예가 될 것이다. 이들이 뭐가 부족한 인물들인가. 다만 복음을 위하여 고난을 감수한 빛나는 별들이다.

우리는 언제든 믿음의 푸른 꿈을 꾸어야 한다. 설사 내일 지구의 종말이 온다고 해도 말이다. 그것이 기독교인의 바른 삶의 자세이다. 예수님 재림하신다고 세상 다 때려치우고 주님 맞으러 준비하러 간다는 건 잘못된 신앙이다. 맷돌 갈다가, 쟁기질하다가, 직장 근무하다가, 예배드리다가 주님을 맞는 것이다.

초기 주님의 제자들은 참으로 초라했다. 그러나 그들을 통해 세계 선교의 원대한 비전은 카운트다운되었다. 주님은 세상에 약한 자를 잘도 들어 쓰신다. 그러니 약하다고 의기소침하지 마라. 주님이 쓰시면 강한 자를 부끄럽게 하신다. 예수를 뜨겁게 믿는 성도라면 적어도 하나님의 나라가 이 땅에 이루어지는 꿈을 꾸며 가슴 설렘을 경험하게 될 것이다.

우리 민족 특유의 극성스러움, 빨리빨리 문화 그러나 그걸 부정적으로만 볼 게 아니다. 그것이 긍정적으로 미친 영향은 지대하다. 한가할 수 없었던 시대적 배경은 이제 국민 소득 2만 불을 넘어서는 동력이 되었다.

한국 교회의 새벽의 영성, 복음의 순수성을 시대에 잘 접목시킨다면 하나님의 나라는 폭발적으로 이 땅에 임할 것이다. 이제는 입으로 외치는 선교보다는 몸으로 함께하는 선교가 필요하다. 전도도 역전에서 하는 메가폰 전도는 조금 줄이고 관계 전도로 방향을 선회하는 것이 시대를 바로 보는 지혜가 아닐까 싶다. 진정 '외치는 자 많건 만은 생명수는 말랐더라'는 찬송가의 한 구절이 오늘 내 가슴을 때린다.

Chapter 08

—

딸 결혼식 이야기

—

 이것도 몇 년 전 얘기다. 세월이 유수와 같다는 말이 맞는 것은 나이를 먹을수록 실감하는 바이다. 정미를 낳고 생각보다 안 예쁘다고 생각하여 농담이었지만, 혹시 신생아가 바뀐 거 아니냐고 했던 때가 엊그제 같다. 정미가 어릴 때 좋아했던 새우깡, 자갈치 사 대느라 꽃님이네 가게를 수없이 오르락내리락했고 예쁜 정미를 자전거에 태우고 다니면 많은 사람들의 시선이 그리로 꽃혔고 그러다가 아이가 자전거 뒤에서 졸면 길가에 내려놓고 깰 때까지 기다렸던 때가 그리 먼 얘기가 아닌 것 같은데 벌써 장성하여 결혼을 했다.

 정미는 나를 많이 닮았다. 안 닮아도 될 것까지도 닮은 여식이다. 부모의 좋은 점만 닮으면 참 좋겠지만 어디 그게 마음대로 되나. 그래도 늘 친구처럼 정미를 키웠다. 나는 보기보다 훨씬 독한 사람이라 겉으로는 눈물이란 걸 모르고 사는 사람인데 정미를 키우면서 더러 눈물을 흘리기도 했었다.

 뉘 집 자식이든 제 자식은 다 철부지 같아 보여서 '막내딸 시집보내느니 내가 가고 말겠다.'는 말까지 있는데 정미는 유독 그래 보여서 좀 늦게 출가시킬 생각이었고 자신도 그렇게 얘기했었다. 그런데 소위 남자 친구가 생겼다.

누가 그러는데 딸 달라고 목 놓는 놈한테 보내라고 하고, 또 어떤 사람은 40%만 맘에 들면 오케이 하라 해서 자식 이기는 부모 없다니까 대세를 따랐다. 지금이 어느 시댄데 부모 말 듣고 결혼하는가. 자기들 좋아서 만나고, 자기들 싫다고 헤어지고, 너무 프리한 세상이다. 어느 선생님이 그랬다고 한다. 연애할 땐 '너 없인 못 살겠다.'고 하고 결혼하고 얼마 안 가서는 '너 때문에 못 살겠다.'고 말이다. 우리 아이들이야 뭐 그럴 일은 없겠지만, 아무쪼록 잘 살기를 바랄 뿐이다.

아직 사위란 말도 어색하고 사돈이란 말도 어색한데 세월은 금세 익숙해지도록 하리라. 정미가 남자 친구라고 처음 데리고 왔을 때도 그런가 보다 했다. 허우대 멀쩡하고 성실하고 군대 제대하고 대학 졸업반이니까 이젠 알아서 성인다운 모습으로 가정을 꾸려나가리라 믿고 아이들을 축복했다.

참, 결혼식 때 많은 하객이 와 주셨다. 일일이 찾아뵙지 못하고 지면을 통하여 감사의 마음을 전했다. 결혼식 장소를 기쁨으로 제공한 동기생에게도 감사를 전한다. 예식장은 진작 예약을 못 해 자리가 없고 우리 교회는 식당 시설이 여의치 않아 부적합하다고 판정하여 이웃 교회에서 하려 했으나 그것도 맘에 내키지 않았다. 정남중앙교회에서 적극적으로 혼례 행사를 지원해 준 것에 감사를 드린다.

누구를 주례자로 모실까 하다가 군목으로 전역하신 예비역 육군 중령 김형섭 목사님이 생각이 나서 부탁을 했다. 국군 장교였지만 언제나 온화한 성품의 소유자로 늘 친근하게 지내는 분이다. 그가 근무했던 부대마다 나도 거의 다 방문하여 예배도 드리고 신병 세례식도 집례하고 군 시설을 이용하기도 했었다.

부족하기 이를 데 없는 사람을 담임목사로 받들어 섬겨 주시는 우리 강은교회 성도들께는 항상 감사한 마음을 갖고 있다. 이번에도 모두 와 주시고 봉사해 주셨다. 또 멀리 이사 가서 지역 교회에 출석하는 성도들도 불원천리하고 달려와서 아주 오랜만에 상봉한 분들도 있었다. 정말 반가웠고 고마웠지만, 경황 중 인사를 제대로 나누지 못해서 죄송했다.

오셨던 모든 분들한테 보답하는 것은 무엇보다도 이 아이들이 잘사는 것이라고 생각한다. 행복하게 잘살면 어른들로서는 더 바랄 것이 뭐 있겠는가.

결혼 날짜와 장소, 주례자 등이 결정되자 청첩장을 박았다. 이제 누구한테 보내느냐 하는 문제에서 또 고민이 됐다. 가까운 사람들 중심으로 하나둘 보내다 보니까 보내고 나면 또 생각나고, 또 생각나고, 그러기가 한이 없었다. 피로연 뷔페를 예약하는데 몇 사람이 올 것인지 가늠하기가 어려웠다. 청첩장을 받았다고 다 오는 것이 아니므로 대략 300명 정도라고 했다.

예식이 시작되고 하객들도 큰 교회 홀에 거의 착석이 됐다. 보기가 좋았다. 그런데 끝나고 보니 문제는 420명까지만 식사를 하고, 나머지는 음식이 동나서 식사를 못하신 분들로부터 좀 짜증스러운 광경이 벌어졌다는 것이다. 내가 혼사 경험이 없다 보니 세상에 이런 실례가 어디 있는가. 너무 죄송한데 이미 엎질러진 물이었다. 몇 분에게는 식사비를 주기도 했으나 누가 식사를 못 하고 가셨는지 파악할 수는 없었다. 모든 책임은 이 행사를 총괄 기획한 나한테 있다.

또 한 가지는 축가 몇 개 중 하나가 좀 그랬다. 원래 우리 딸 친구들이 연주하기로 했었는데 그게 깨지고 신랑 친구들이 뭔 코믹한 축가를 한다고 했다. 그런가 보다 했는데 아뿔싸 교회 분위에 맞지 않는 소위 '이상한 축가(?)'에 열이 가해지는 것이었다. 이것 또한 중단시킬 수도 없고 그냥 둘 수도 없고 난감했다. 물론 본인들은 열심히 준비하여 한 일인데 거기가 일반 예식장이 아니고 교회였고 또 하객 중에는 거룩하신 목사님들이 굉장히 많았기 때문에 내 몸에서는 식은땀이 줄줄 흘렀다.

결혼식에 와 주신 많은 분들한테는 정말 감사했다. 큰일을 치르고 보니 잔치에 사람이 참석해 주는 것이 얼마나 큰 부조인지를 알 것 같았다. 남의 경조사에 열심히 참석해 주는 일이 참으로 고마운 일이라는 것을 알게 됐다. 그런데 꼭 와야 할 사람들이 불참한 것에 대해서는 약간의 섭섭함도 있었다. 식전 한 주간 동안 2, 30여 분이 다녀가시기도 했다. 이번을 계기로 생각한 것은 '내가 남의 경조사에 부조한 것은 기억 속에서 잊어버리고 남이 내 경조사에 부조한 것은 반드시 적어두고 그분 경조사에는 그 이상으로 갚아야 한다.'는 다짐을 하게 됐다.

Chapter 09

—

목사님,
제가 운전하겠습니다

—

오늘 김포에 갈 일이 있어서 하던 일을 부지런히 마무리하고 있는데
전화가 왔다.

안 부장	"여보세요? 저 안○○입니다."
나	"아이고, 안 부장님, 반갑습니다. 근데 어쩐 일?"
안 부장	"목사님, 오늘 점심이나 같이 할까 하고 전화 드렸습니다."
나	"아, 그래요? 근데 나 김포 갈 일이 있는데."
안 부장	"그럼 제가 제 차로 목사님 모시고 가면 안 될까요?"
나	"그러면 감사하지만 안 부장 시간 많이 뺏으면 안 되지!"
안 부장	"아닙니다. 저 오늘 쉬는 날이고 목사님께 넥타이도 드리고 드릴 말씀도 있고 해서 그럽니다."
나	"아, 그래요? 그럼 오세요."

득달같이 달려온 안 부장하고 내 방에서 잠시 그가 가지고 온 용건을 듣고 상세한 건 차에서 얘기하기로 하고 출발했다. 가면서 업무에 관련한 얘기며 그의 가정사며 여러 가지 밀린 얘기를 다 들을 수 있는 시간이었다. 사실 경찰서에서는 출동 나가고 그러기 때문에 일주일에 한 번 보는 것도 쉬운 일은 아니다.

나름대로 열심히 자기 주관을 가지고 성실하게 근무하고 있는 안 형제란 생각을 했다. 믿음 생활도 열심히 하려고 애를 쓰고 있고 기도의 중요성도 알고 있고 정치적인 해박한 견해도 가지고 있는 친구이다. 내가 신우회 예배에서 전임으로 설교할 때 전율을 느낄 정도의 은혜를 받는다고 좋아했던 은혜파이기도 하다.

안 부장이 처음 교회에 나갈 때는 그의 누나가 젊은 애가 무슨 교회를 다니느냐고 핍박(?)을 했다는데 이제는 그 누나가 교회에 아주 충성스런 일꾼이고 성경을 다 외우다시피 할 정도로 열성 당원이 되었다는 것이다. 그래서 앞일은 모르는 거다.

김포에서 만나기로 한 목사님 내외분을 만났다. 그분을 만나자마자 식사하러 가자고 하니 안 부장이 나한테 "목사님, 오늘 연안부두 가서 회 사드리려고 했는데 어떡하죠?" 그런다. 그래서 내가 아무거나 먹자고 해서 가까운 식당으로 들어갔다.

| 나 | "목사님, 이 분은 경찰인데 형사과에 근무하고 있습니다. 오늘 친히 나를 모시고 나들이 삼아 왔습니다." |
| 목사님 | "아, 그렇습니까? 반갑습니다. 근데 말이죠. 그 경찰 생활 위험하지 않습니까?" |

안 부장   "아닙니다. 그렇게 생각하면 이 세상 직업 안 위험한 게 어디 있습니까? 소방수도 위험하고 운전도 위험하고 건축도 위험하고 안 위험한 건 없습니다. 다만 어떤 생각과 어떤 사명감을 가지고 일하느냐에 따라서 다를 겁니다."

듣고 보니 그 말이 맞구나 하는 생각이 들었다. 그리고 그가 게시판에 올린 글을 보니까 역시 안 부장이 상당히 똑똑한 사람이란 걸 알 수가 있었다. 하긴 경찰이 아무나 되는 건 아니니까 그만한 실력을 갖추었을 것이다.

식사 후 이 목사님 내외분을 보내고 다시 우리끼리 귀갓길에 올랐다. 성실한 친구인데 앞날을 하나님께서 복 주시기를 기도했다.

덕분에 오늘 난 편안하게 다녀왔다. 자기 차로 운전도 해 주고 밥값도 밥 먹자고 한 사람은 목사님이셨는데 돈은 안 부장이 잽싸게 내버렸으니 경찰을 누가 당하겠냐고 농담했다. 나는 안 부장의 사생활에 관련한 부분에 대해서도 많이 알고 있다. 그만큼 나를 신뢰해서 상담한 내용이고 그것은 곧 늘 기도 제목이기도 하다. 그렇지 않아도 우리 경찰서 사람들을 위해서 기도하지만 특별한 기도 제목이 주어지면 신경 써서 더 기도하게 된다. 경찰 생활을 하면서도 믿음으로 살려고 애쓰는 우리 회원들이 기특하고 경목 사역을 통해 이들을 알게 된 것을 큰 소득으로 감사하게 생각한다.

Chapter 10

—

가을의 문턱에서

—

하지가 지나고 세 번째 오는 경일庚日을 초복이라 하고, 네 번째가 중복, 그리고 입추 후 첫 번째 경일은 말복이라고 한다. 보통 말복 지나면 선선해지는 것인데 올해는 예외였다. 그 이유는 크게 두 가지다. 하나는 월복越伏 때문이고 다른 하나는 지구의 온난화 문제였다.

복날은 보통 10일 간격으로 온다. 초복과 중복 사이가 열흘 간격이고, 중복과 말복 사이는 10일인 해가 있고, 올해처럼 20일인 경우도 있다. 그래서 올해는 복伏을 한 번 더 겪은 폭이다. 이런 경우를 넘을 월越 자를 써서 '월복越伏을 했다.' 또는 '월복이 끼었다.'고 한다. 따라서 월복이 든 해는 그 여파로 다른 해보다 무덥고 더위도 오래 간다는 것이다. 그러니까 올해는 사실상 사복四伏 더위였다.

그런데 희한한 것은 복伏이라고 할 때 복伏자는 '엎드릴 복' 자인데 사람 인변亻에 개 견犬 자로 되어 있다. 다시 말해서 개가 복날 사람한테 잡아먹힐까 두려워 엎드려 있다는 것이다. 더위를 이겨내려면 그만큼 많은 열량이 소모되기 때문에 예부터 가장 손쉬운 방법으로 개고기를 먹었다는 것이다. 더위를 이기는 음식으로 보신탕, 삼계탕 그런 것이 전통적으로 이용되어 온 것이다.

올해 더위가 꼭 월복越伏 때문만은 아니다. 다시 말하면 지구가 온난화되고 있다는 얘기다. 말복 지나고 거의 8월 말까지 이렇게 푹푹 찐 해는 처음인 것 같다. 너무 더우니까 헉헉대고 일의 능률도 안 나고 불쾌지수가 팍팍 올라간다. 그러나 거기에 대해서 인간은 아무 힘도 쓰지 못하고 때늦은 폭염에 시달릴 수밖에 없었다.

그래도 다행인 것은 아무리 더워도 조금 기다리면 선선해지는 가을 날씨가 찾아오니 소망이 있다. 8월 마지막 주간에 비가 오더니 기온이 뚝 떨어졌다. 나는 너무 시원한 나머지 몇몇 사람한테 '경축 기온 하락!'이란 문자를 날렸다. 열대지방에 사는 사람들은 어떻게 살까 하는 오지랖 넓은 걱정도 해 본다.

우리나라는 여름철 강우의 유형이 온대 지역의 장마가 아니라 아열대 지역의 우기와 같은 형태로 바뀌고 있다. 이미 우리나라의 기후가 온대에서 아열대로 상당 부분 진행이 됐다. 그래서 농작물 재배 분포의 지도가 바뀌고 있다.

과거에 대구에서 잘되던 사과 농사가 고온으로 인해 수확이 현격히 떨어졌고, 저온 현상으로 사과 재배를 못 하던 강원도에서 사과 소출이 늘어가고 있는 것만 봐도 우리나라의 기온 변화는 예삿일이 아니라는 것이다.

지구온난화는 인간이 만들고 있다. 인간이 만들어내는 이산화탄소가 대기 중으로 방출되어 여러 기체들이 지구를 둘러싸서 지구가 마치 하나의 온실처럼 점점 더 훈훈해지고 있다. 이것이 심화되면 빙산과 빙하가 녹는다. 빙하가 녹아서 하류에 홍수가 일어나고 나아가 담

수 자원이 급속히 고갈하게 된다.

빙산이 녹아서 바닷물이 늘어나고 바닷물이 늘어나니 작은 섬이나 바닷가 도시들이 물에 잠길 수도 있다. 그리고 열대지역의 세균, 바이러스가 온대 지역으로 퍼져간다. 따라서 여기에 적응하지 못하는 생태계가 커다란 위기를 맞을 수도 있다.

지구가 더워지면 자연 수분의 증발도 빨라져서 사막화가 더욱 급속히 진행되고 폭우와 폭풍의 위력이 증대되어 대규모 재해도 더욱 빈번하게 일어날 수 있다. 결국 지구가 혼란스러워지는 것이다.

이런 현상은 이미 19세기 말에 과학적으로 제기되었다. 자칫 이것이 재앙으로 지금 우리 곁에 왔는지도 모른다. 이걸 어떻게 대처할 것인지는 새로운 과제다. 한국은 경제가 발전하고 선진국 문턱까지 왔다고 하는데 환경은 세계 130위 수준의 환경 후진국이란다. 마구 쓰고 마구 버리는 저급한 시민 의식에서 벗어나 아끼고 조심하고 자제하는 성숙한 시민 의식으로 전환하는 것만이 이 지구를 살릴 수 있을 것이다.

—

Chapter II

단풍보다 바위가
더 멋있었다

—

　정기 노회 후 요번에 노회에서 임시 노회를 열어 몇 가지 안건을 처리하게 되었다. 기왕지사 모이는 것 철이 철인만큼 단풍구경을 함께하자는 취지였다. 그래서 일단 식당에 모여 식사를 하고 난 다음 회의를 하고 등산을 하자는 것이었다. 그럴 수밖에 없는 것은 전라도에서 서울까지 거의 전국에서 목회자들이 모이다 보니 대둔산 주차장 11시 집결이 어쩔 수 없는 시간이다. 더 일찍 모이는 건 사실상 힘들다.

　난 대둔산이 어디에 붙어 있는 건지, 멋이 있는지, 없는지, 높은지, 낮은지, 아무런 정보도 없이 노회 행사니 그저 남의 차에 몸을 싣고 갔다. 먼저 도착한 동료들이 우릴 반가이 맞아 주었고 행사는 예정대로 진행되었다. 마침 대둔산 축제 기간이라 사람들이 얼마나 많은지 인산인해를 이루었다.

　가기 전에 어떤 사람은 거기가 대전이라고 하는 사람도 있고 전라도라고 하는 사람도 있다. 전라도면 어떻고 대전이면 어떻고 그게 무슨 상관이냐고 갔다. 가서 보니 산등성이를 중심으로 한편은 전라도요,

한편은 대전이다. 그러니까 이 말 저 말이 다 맞는 말이었다.

대둔산은 해발 878m 노령산맥에 솟아 있다. 동국여지승람에 쓰여 있는 바와 같이 진산珍山 중의 진산鎭山이며 금산 땅이니 금산의 산이라 할 수 있다. '만해 한용운'은 대둔산의 "태고사를 보지 않고는 천하의 명승지를 말하지 마라."고 했다고 한다.

옛날에는 대둔산 하면 금산의 산으로 인식됐는데 완주군 쪽을 크게 개발하고 사람들을 끌어들이면서 전북 또는 완주의 대둔산으로 인식되어 버렸다고 한다. 금산의 대둔산으로 할 수는 없지만, 최소한 '금산·완주의 대둔산'이라는 공동 명의의 산으로 하자고 한다. 두 개의 도립 공원으로 되어 있는 산이다. 행정 구역으로 볼 때 전북 쪽은 완주군 하나의 구역으로 되어 있으나, 충남 쪽은 금산군과 논산군 두 군의 구역으로 되어 있다.

생전 처음 가 본 대둔산이었다. 밑에서 보니 단풍이 별로다. 올해 가을 날씨가 가물어서 잎이 마르고 단풍이 화끈하지 못하다. 약간의 실망도 있었지만 올라갈수록 나는 감탄을 했다. 어려서 한 번 타봤던 기억이 있는 것 같기도 한 케이블카를 탔다. 다리가 아프다는 분들과 여성분들을 배려해서 한 일인데 난 실로 처음 타보는 기분 같아서 기꺼이 타자고 했다. 50명 정원인데 항상 꽉꽉 차고 근 한 시간 기다려야 차례가 온다. 우린 미리 접수해 놓고 그 시간에 회의를 하여 몇 가지 안건을 원만히 처리했다.

케이블카를 타고 가면서 내려다보이는 경관이 참으로 원더풀이었다. 가끔 이렇게 아름다운 산을 찾아 나들이하는 것도 필요하리란 생각이 들었다. 상당히 기분 전환이 되었다. 케이블카에서 내려 조금 올라가니 구름다리가 있고 그 위로 펼쳐지는 기암괴석은 정말 장관이었다. 바위 봉우리들이 수려하며 깨끗하고 누가 그림을 그려 넣은 듯이 칠이 된 느낌이었다. 어떻게 산 정상에 저런 바위가 예술처럼 솟아 있는지 일부러 멋을 내서 깎아 만든 것처럼 아름다웠다. 그래서 대둔산은 남한의 금강산이란다. 그 바위들이 크지 않으나 장한 맛도 있고 아기자기하기도 했다. 한쪽은 숲이 울창하며 계곡도 아름답다. 가을 단풍이 기암절벽과 어우러지는 것이 황홀하지만 아쉬운 것은 그 단풍이 예년만 못하다는 것이다.

또 임진왜란의 전적지이기도 하고 천하의 대지에 자리 잡고 있는 태고사 앞의 암벽에 새겨진 '석문石門'이란 글은 '우암 송시열'이 쓴 글자로 알려졌으며 갖가지 전설도 서려 있다. 경관이 수려하고 여러 가지로 훌륭한 대둔산은 금산, 논산, 완주 세 군이 지역마다 특색 있게 관리하고 있다. '원효 대사'가 사흘을 둘러보고도 발길이 떨어지지 않았다고 격찬한 대둔산은 정녕 우리의 아름다운 명산이었다. 하지만 올해엔 단풍보다도 바위가 더 아름다웠다.

Chapter 12

멋없이 내려버린 첫눈

오늘 문득 어려서 눈이 오면 눈사람 만들고 이리 뛰고 저리 뛰고 놀던 시절이 떠오른다. 그 눈을 먹기도 하고 그걸로 세수도 하고 허벅지까지 빠지는 눈길이 한없이 즐거웠던 유년 시절이 눈에 선하다.

스위스 알프스 산맥에선 정말 거짓말 안 보태고 솜방망이만 한 눈도 봤다. 거기 갔다 와서 그 얘길 누구한테 했더니 그런 눈이 어디 있느냐고 나보고 거짓말한다고 한다. 서울 갔던 사람하고 안 갔던 사람하고 싸우면 안 갔던 사람이 이기는 현실은 그 눈 얘기에서도 예외가 아니었다.

내 나이가 첫눈 온다고 마음 설렐 나이는 아니련만 나는 어젯밤 첫눈이 온다는 문자를 받고 살며시 창문을 열었다. 어둠에 묻혀 뚜렷하진 않았지만, 첫눈이 오긴 온 것 같은데 그 모양새는 아주 볼품이 없었다. 눈도 아니고 물도 아니고 멋대가리라고는 하나도 없었다. 마치 간장도 아니고 된장도 아닌 젠장이라 했던가.

오늘 아침 노회 업무로 부천을 가게 됐다. 나를 픽업해 가기로 한 동료를 기다리는데 옷을 얇게 입었나 한기를 느낀다. 다시 들어가기도 뭣하고 해서 그냥 잠깐 떨다가 차가 와서 얼른 차에 올랐다. 충주에서 온 그가 하는 말이 눈이 와서 도로 상태가 안 좋아 늦었다는 것이다. 그제야 나는 진짜 첫눈이 오긴 왔나 보다 하는 생각을 했다.

오후에 귀가하여 좀 늦었지만, 약수도 뜨고 운동도 할 겸 나섰다. 날씨가 한겨울엔 차라리 그러려니 하는데 요샌 체감온도가 더 낮아 '에이, 하루쯤 제치지 뭐.' 하는 맘이 자꾸 발목을 잡는다. 이럴 때 나는 '아니다! 그래도 가야 한다.' 하고 벌떡 일어선다.

처음엔 몸을 움츠리고 출발했지만 조금 올라가면 몸이 후끈후끈 달아오른다. 산에서 나는 향기는 언제나 향긋하다. 산 냄새가 이렇게 좋은 걸 최근에서야 절감하고 있다. 늦은 시간이라 내려오는 사람 몇이 보였는데 그나마 정상에 올라가니 아무도 없다. 잠시 홀로 앉아서 고독을 씹는다. 여러 생각을 정리하고 묵상을 하고 휴식을 취하는 동안 어둠은 완전히 깔렸고 사람은 아무도 없다. 순간 나름대로 쾌감이 밀려온다. 나는 그 산을 혼자서 완전히 장악하고 있는 것이다. 그것도 정상에서 말이다.

오늘도 나 자신과의 약속을 지켰다는 마음이 나를 상쾌하게 한다. 거의 매일 산을 오른다니까 혹 내가 대단한 산악인인 줄 알까 싶어 고백하는 건 건강 생각해서 동네 산을 오르는 정도임을 밝힌다. 해발 238m이니까 그저 누구나 다녀갈 수 있는 나지막한 산이다. 그 산 이름은 수원 우리 집 가까이에 있는 칠보산이다. 오르는 코스에 따라 한 시간 내지는 두 시간 정도가 소요된다. 대개 나는 한 시간 코스를 택한다. 이 산과 인연을 맺고 거의 매일 굳세게 출석을 하고 있다. 오늘도 가기 싫은 걸 벌떡 일어나서 다녀오니 기분이 아주 상쾌하다. 하루라도 안 가면 그 산이 섭섭해 할 것 같다.

그런데 산에서 내려올 때 보니 눈이 왔음을 실감했다. 어두워서 길이 잘 안 보이는 데다가 그 시원치 않게 온 눈이 그나마 얼어서 미끄러웠다. 조심조심 어정어정 걸어서 내려오니 시간으로는 초저녁인데도 칠흑같이 어두웠다.

그 멋대가리 없이 내린 눈이 길까지 미끄럽게 만들어 첫눈치고는 정말 별로였다. 아니 진짜 멋대가리 없이 내린 눈이란 생각만 들었다. 그러면서 나는 '나'라는 사람도 이렇게 멋대가리 없는 사람이면 안 되겠다는 다짐을 하게 됐다.

Chapter 13

—

나도 이젠 고향이 좋다

—

창후리 선착장까지 단숨에 달려 화개 9호에 내 차가 마지막으로 올랐다. 당연히 티켓팅과 승선신고서 기입은 초고속으로 조치했다. 요새 막바지 더위가 그야말로 장난이 아니다. 그래서 선상이지만 자동차 엔진을 켜 둔 채 에어컨 바람을 쐬느라 차 안에 앉아 있다. 50여 대의 자동차와 승객을 태운 배는 뱃고동을 가볍게 울리며 움직인다. 갈매기 떼도 같이 움직인다. 차 위로, 옆으로, 배 갑판 위로 사정없이 달려든다. 이럴 줄 알았으면 새우깡을 좀 사오는 건데…. 사람들이 던져 주는 새우깡을 받아먹는 재미로 갈매기 떼는 배가 포구에 닿을 때까지 계속 머리 위에서 맴돈다.

그리운 교동, 정다운 고향. 그곳엔 나의 동심이 서려 있다. 교동이란 섬은 고단하고 서러웠던 나의 어린 시절의 추억이 듬뿍 있는 곳이다. 너무 힘들었던 추억이 있는 고향이라 한동안은 고향을 등지고 살았는데 이제는 부모님은 안 계시지만 형님이 계시기 때문에 1년에 두세 번은 다녀온다.

나이를 좀 먹어서일까? 이젠 나도 그 고향이 좋다. 섬에서 나는 특유의 갯벌 냄새가 남들은 싫다는데 나는 좋다. 배에서 내려 넓은 들판을 자동차로 달린다. 잘 가꾸어진 농작물들은 정말 평화스럽고 한적한 전형적인 농촌의 모습이다. 길가엔 꽃을 가꾸었고 논엔 벼들이 아주 예쁘게 자랐다. 날씨는 덥지만 나는 자동차 창문을 내렸다. 고향의 냄새를 듬뿍 마시고 싶었다. 풀 냄새, 바다 냄새, 차창 밖으로 펼쳐진 교동의 평야는 참으로 평화로운 우리의 농촌이요 마음의 고향이다.

　밤이 되었다. 더위와 함께 시골 밥상의 저녁을 가족과 함께 나누고 더위를 식히러 바깥에 나왔다. 에어컨은 없지만, 바닷바람에 시원함을 느낄 수 있었다. 가로등은 거의 없고 간간이 농가에서 새어 나오는 불빛만 보인다. 사람 소리 전혀 안 나고 가끔 개 짖는 소리만 들린다. 이렇게 조용할 수가… 시끄러운 도회지에 있다가 조용한 농촌에 오니 정말 딴 세상이다. 그런데 하늘을 쳐다보니 장관이다. 매일 이렇게 뜨는 별이었을 텐데 정말 얼마 만에 보는 별인가. 어쩌면 저렇게도 촘촘히 별로 하늘을 수놓았을까. 도시에서 볼 수 없는 밤하늘의 별들을 나는 한참이나 물끄러미 쳐다보았다. 도심의 하늘은 늘 스모그에, 황사에, 매연에 안개 낀 듯 뿌옇지 않은가. 그런데 교동의 하늘은 벌써 천고마비다. 아니 연중무휴로 천고마비란다.

　아침에 일어나서 밭에 나가 노각도 따고, 가지도 따고, 근대도 따고, 고추도 땄다. 시골에서 주는 정성을 차에 바리바리 실었다. 값으로 따지면 몇 푼 안 되는 것이지만 조실부모하고 시골에 계신 형님 내외의 정을 차에 실은 것이다. 역시 사람은 물질로 사는 게 아니라 정으로 사는가 보다.

　바다 2.5km 건너편은 북한이다. 그래서 사면이 바다인 섬이지만 어민은 없다. 북한 사람들도 농사를 짓는다. 벼농사 지어 놓은 것이 육안으로도 푸르게 보인다. 북한의 농촌 풍경이 멀리 아련하게 보인다. 헤엄 잘 치는 사람은 수영으로도 갈 수 있는 거리지만 남과 북은 아직 적대관계이다. 그래서 교동에 주둔한 군부대는 좀 심한 훈련을 받은 해병대만 있다. 민통선 지역이라 과거엔 외지인 출입이 자유롭지 못했다. 삼엄한 검문을 받아야만 했다. 그러나 이젠 남북 화해 시대에 걸맞게 많이 간소화했다. 저 삼팔선, 저 북방한계선(NLL), 저 철조망이 속히 무너지기를 기도한다.

교동에 사는 동창생하고 고등학교를 졸업하고 처음으로 통화를 했다. 모두 고향을 떠나고 서너 명만 남아서 마을 이장도 하고 농사도 짓는단다. 세월은 사람을 변화시킨다. 목소리도 변하고 모습도 변했다. 머리도 빠지고 시력도 떨어지고 어떤 친구는 당뇨를 앓고 어떤 친구는 술 때문에 죽기도 하고 나 말고 어떤 친구는 변하여 목사가 됐다. 정말 의외였다. 동기생들 얘기를 들어보니 세월은 사람을 참으로 많이 변화시켰구나 하는 생각을 했다.

1박 2일의 고향 방문을 마치고 귀경길에 올랐다. 오는 길에 들녘을 바라본다. 옛날의 농촌이 아니다. 모든 논은 바둑판처럼 경지 정리가 됐고 하늘만 쳐다보던 과거의 천수답은 이제 완전 수리답으로 아무리 가물어도 농사를 지을 수 있는 수리 시설을 완벽하게 갖추었다. 손으로 하던 모든 농사일은 트랙터가 대부분 한다. 정말 기계화, 선진화, 과학화를 이룬 우리의 농업 발전에 농고 출신이고, 농대 출신이고, 농촌 출신의 목회자인 나는 감회가 새로웠다. 집집마다 인터넷이 있고 교회에서 영어도 배우고 아줌마들도 모두 운전면허를 따느라 난리다. 변하는 농촌의 모습이다.

차창 밖으로 펼쳐지는 농촌의 풍경을 보면서 나는 문학 소년이 됐다. 딸아이와 함께하려던 여행이 혼자 하게 되어 쓸쓸하리란 생각은 기우였다. 결코 외롭지 않은 여행이었다. 오히려 여러 가지 생각을 할 수 있는 사색의 시간이었다.

● 지금은 교동대교가 개통되어 배를 타지 않고 차량을 이용한 통행이 가능해짐.

Chapter 14

—

봉공수법

—

지난해 말 구청 건설과로부터 사설안내표지판(입간판) 연장 허가 신청을 하라는 통보를 받고 기한 내에 구청을 방문했다. 담당자 하는 말이 디자인이 바뀌었으니 현재의 시설물은 철거하고 새로 허가를 받아 설치해야 된다는 것이다. 소시민으로 살아가는 우리가 무슨 힘이 있나. 관에서 하라면 하는 것이지. 찍소리도 못하고 나왔다.

구청에 다녀온 후 같은 지역 목회자들이 모였다. 이 문제를 어떻게 처리할 것인가를 의논하기 위해서 말이다. 모인 의견은 일단 철거하고 관에서 요구하는 대로 새롭게 설치하자는 것이었다.

입간판 하나 세우는데 당시 70만 원씩 냈는데, 철거하는 데도 5만 원이 들었다. 그래도 교회가 관에서 하는 일에 협조는 못 할망정 단속의 대상이 되면 안 되겠다 싶어 몇몇 교회들이 자진 철거를 했다.

그리고 다시 세우려고 알아보니 그건 아무 간판 가게나 할 수 있는 일이 아니고 그 간판 세워 본 사람이나 할 수 있는 일이었다. 재질, 디자인, 가격 등등. 그래서 일단 구청에 전화하여 관에서는 누구한테 하청을 줘서 한 것인지 알아 놓고 타진을 했는데 예상보다 가격이 비싸니까 한 교회도 설치하겠다고 나서질 않았다.

그렇게 차일피일 미루고 있는 사이 아마 한 달 간격으로 독촉장이 날아오는 것 같았다. 며칠까지 철거 안 하면 과태료 얼마가 부과된다는 그런 내용이었다. 하필이면 경제도 어려운 때에 그건 왜 바꾸라는 것인지. 그리고 꼭 바꿔야 하는 거면 미리 공문을 보내 적어도 6개월에서 1년 정도 기한을 준다든지 해야지 구청 한 번 찾아갔더니 그때부터 독촉장만 냅다 보내는 것이 못마땅했다.

그래도 새로 못 세울 바엔 뽑기라도 하자 해서 다 뽑아 치우고 몇 달이 지났다. 그런데 지나다니다 보니까 다른 간판들은 여전히 서 있다. 그런 간판들은 대개 허가받지 않고 세운 간판들이다. 무허가로 세웠으니 구청에 당연히 자료가 없으므로 단속을 받지 않고 있다. 그렇다고 그런 간판들은 왜 내버려 두냐고 항의하기엔 괜히 그분들한테 피해가 갈까 봐 쳐다볼 뿐이었다.

그런데 며칠 전 구청 건설과에서 전화가 왔다. 도로 입간판 철거했냐는 것이다.

| 나 | "여보세요? 그거 뽑은 지가 언젠데 이제 전화합니까? 아니 그리고 당신들이 그거 담당자로서 현장을 일부러가 아니라 지나가다가 한 번만 주의 깊게 쳐다만 봤어도 이런 전화 우리한테 안 할 겁니다. 책상에 앉아서 거기 적힌 거나 보고. 공무 수행을 그런 식으로 하는 겁니까?" |
| 공무원 | "아, 예예. 죄송합니다." |

법대로 살면 손해 보고 법 무시하고 사는 사람이 득 보는 사회라면 선진국으로 가기엔 아직도 요원하기만 하다는 생각이 들었다. 간판 아저씨하고 잘 협상하여 관에서 요구하는 디자인으로 두 개 세우기로 했다.

　물론 모든 공무원들이 다 그런 건 아니다. 모두들 열심히 공직자로서 근무를 하는데 어느 단체든 일부가 전체의 이미지를 흐리는 경우이다. 법을 지키는 사람이 손해 보는 세상이 되면 안 된다는 생각을 하며 공무원들의 바른 근무 자세를 주문해 본다.

　우리 동네 경찰서 정원에 '奉公守法(봉공수법)'이란 돌비가 세워져 있다. 공무원의 정신을 말한 것인데, 이 말은 정약용의 목민심서에 있는 말로써 위로는 임금을 섬기고 아래는 백성을 섬기며 법도를 잘 지킨다는 뜻이다. 이 네 글자의 뜻대로 살아가고 힘써 일하면 좋겠다.